过亿企业应该向华为学什么

李文鸿　著

SPM 南方传媒
广东经济出版社
·广州·

图书在版编目(CIP)数据

过亿企业应该向华为学什么 / 李文鸿著. —广州：广东经济出版社，2024.5
ISBN 978-7-5454-9049-7

Ⅰ. ①过… Ⅱ. ①李… Ⅲ. ①通信企业—企业管理— 营销管理—研究—深圳 Ⅳ. ①F632.765.3

中国国家版本馆 CIP 数据核字（2023）第 248373 号

责任编辑：刘 倩 李沁怡
责任校对：李玉娴
责任技编：陆俊帆
封面设计：集力書裝 Design

过亿企业应该向华为学什么
GUOYI QIYE YINGGAI XIANG HUAWEI XUESHENME
出 版 人：刘卫平
出版发行：广东经济出版社（广州市水荫路 11 号 11～12 楼）
印 刷：恒美印务（广州）有限公司
（广州市南沙经济技术开发区环市大道南路 334 号）

开 本：880mm×1230mm 1/32
印 张：6.5
版 次：2024 年 5 月第 1 版
印 次：2024 年 5 月第 1 次
书 号：ISBN 978-7-5454-9049-7
字 数：180 千字
定 价：87.90 元

发行电话：（020）87393830
编辑邮箱：gdjjcbstg@163.com
广东经济出版社常年法律顾问：胡志海律师
法务电话：（020）37603025
如发现印装质量问题，请与本社联系，本社负责调换。

目录
CONTENTS

第二章　战略篇

方向大致正确，从战略到执行，一步一个脚印

第三章　组织篇

组织充满活力，创造价值、评价价值、分配价值

第一章

经营理念篇

一杯咖啡，
吸收宇宙能量，
思路决定出路

第一节 资源资产化

华为技术有限公司（下称“华为”），作为一家全球领先的信息与通信技术（ICT）解决方案供应商，不仅以其高品质的产品和服务受到了广大用户的赞誉，更在企业管理和资源配置上展现出了卓越的智慧。在面对日益激烈的市场竞争时，华为始终坚持资源的优化配置和高效利用，将每一份资源都视为宝贵的资产。

华为深知，对于任何一家企业而言，资源都是宝贵的，特别是在今天这个快速变化的时代。无论是人力资源、财务资源，还是技术资源，其实际数量都是有限的。但这些资源背后所蕴藏的潜在价值却是无法估量的。比如，一名技术骨干的价值不仅仅是其现有的技术能力，其更大的价值是未来的创新潜力和对企业的长期贡献。

为了挖掘并释放这些资源的最大潜能，华为不断研究并实践各种资源管理策略。这些策略涵盖了从资源获取、配置、利用到再生的全过程，旨在确保华为能够在最佳的状态下迎接每一个机遇和挑战。

一、整合资源，实现资源的价值最大化

华为在早期发展阶段就充分认识到资源整合的重要性。

为了充分利用全球的优质资源，华为没有局限于自身内部的资源，而是广泛地与外部的合作伙伴进行了深度整合。这种开放而包容的合作方式，让华为得以快速吸纳到全球的先进技术和市场信息，为其持续的发展注入了强大的动力。

与全球供应商的合作是华为资源整合策略的重要组成部分。华为与供应商建立了紧密而稳固的合作关系，这种关系不仅仅基于简单的买卖关系，更多的是基于共同的利益和长远的发展视角。通过这种深度的合作，华为确保了其供应链的高效运作，减少了中间环节的浪费，同时也为供应商提供了更大的市场机会。

不仅如此，华为还与全球的大学和研究机构建立了广泛的合作关系。通过这些合作，华为不断地引入和吸收最前沿的科研成果，保持了其技术的领先地位。这使得华为能够快速地将最新的研究成果转化为实际的产品和服务，满足市场快速变化的需求。

然而，资源整合不仅仅是与外部的合作，同样也涉及企业内部的各个部门和团队。华为十分注重内部资源的合理配置和高效利用，采用了一系列的管理工具和方法，如横向和纵向的资源整合策略，确保了各个部门和团队之间的资源得到充分的共享和协同，从而大大提高了企业的整体运作效率。

二、资源管理的实践建议与策略

在华为这样的全球性企业中，有效的资源管理是其成功的关键因素之一。基于华为多年的经验和实践，以下是一些对资源管理的建议，这些建议不仅适用于大型企业，同样也可以被中小企业参考并实施。

1. 资源审计与评估

（1）定期进行资源审计是确保资源高效利用的第一步。这不仅仅是对企业的物质资源进行盘点，更重要的是对人力、技术、信息等资源进行全面评估。

（2）通过资源审计，企业可以清晰地了解自身的资源状况，包括资源的分布、状态和价值。

（3）资源审计还可以帮助企业发现资源浪费的情况，找出潜在的资源整合点，以及识别出需要进一步加强和优化的领域。

2. 建立深度合作关系

（1）与外部的供应商、研发团队、客户和合作伙伴建立深度合作关系，是确保资源得到最大化利用的关键。

（2）通过深度合作，企业可以共享资源，减少重复投资，同时也可以获得更多的市场信息和技术支持。

（3）深度合作不仅仅是基于短期的利益，更重要的是基于双方的长期发展和共赢。

3. 促进内部资源的协同与共享

（1）鼓励企业内部的各个部门和团队之间的资源共享和协同工作，是提高整体效率的关键。

（2）通过建立有效的沟通机制和激励制度，可以促进企业内部资源的流动和再利用，从而实现资源价值最大化。

（3）内部资源的协同与共享不仅可以提高员工的工作效率，还可以促进企业文化的形成和提升团队的凝聚力。

三、资源管理的核心思路与要诀

在华为的成功经验中，资源管理的一些关键要点显得尤为重要。这些要点不仅是华为资源管理的核心思路，也是其持续领先的秘诀。

1. 资源的有限性与无限潜能

（1）资源，特别是人力资源和技术资源都是有限的。这意味着企业需要对资源进行精细化管理，确保资源都得到了最大化的利用。

（2）每一份资源的背后都蕴藏着无限的潜在价值。企业需要不断地探索和挖掘这些潜能，将其转化为实际的价值和竞争优势。

2. 资源整合与深度合作的双重优势

（1）通过资源整合和深度合作，企业不仅可以实现资源的价值最大化，还可以扩大其市场影响力和技术领先优势。

（2）资源整合让企业能够更好地配置和利用内外部的资

源，而深度合作则帮助企业在全球范围内建立强大的合作网络和生态系统。

3. **内部资源的协同与企业文化的形成**

有健康的企业文化和高度协同的团队，才能够更好地应对外部的挑战和机遇，实现企业的长远发展和稳定增长。

第二节 资产知本化

在经济全球化的今天，众多企业都在寻找核心竞争力，希望在激烈的市场竞争中脱颖而出。华为，作为全球通信领域的佼佼者，其成功的背后有着深厚的文化和理念支撑。其中，对于知识资本的珍视和投资无疑是其中的关键要素。

华为的成功之路不仅仅基于其强大的产品线或全球业务网络，更是基于其对知识资本的认识和投资。在许多人眼中，华为可能只是一家技术强大的通信公司，但事实上，华为的核心远不止于此。华为深知，知识是未来资本的关键，特别是在技术驱动的时代。面对日新月异的科技发展，没有充足的知识储备，任何技术都可能迅速过时。因此，华为强调的“知本主义”理念，即将劳动与知识转化为资本，已成为其持续创新和领先全球的核心策略。

一、劳动与知识的密切融合

在经济学中，劳动和资本长久以来被认为是生产的两大要素。在工业化时代，机械和人的劳动是制造业的基石。但随着科技的进步和知识经济的崛起，知识逐渐占据了主导地位。

在传统的经济模型中，劳动通常被视为生产要素，而知识则被视为附属品或补充品。这种模式在工业化时代是适用的，但在当今的知识经济中已经不再适用。知识不再是附属品，而是与劳动同等重要，甚至是更为关键的生产要素。知识能为企业创造巨大的价值，为产品和服务提供核心竞争力。

华为深刻意识到这一点，并将其融入公司的核心运营中。华为不仅重视员工的技术能力，更注重员工的知识储备和学习能力，鼓励员工持续学习，无论是技术知识、市场趋势还是管理技巧。华为为员工提供了大量的培训和学习资源，从而确保公司始终处于行业的前沿。这种对知识的重视和投资，使华为在全球市场上保持着强大的竞争力。

二、"知本主义"在华为的具体实践

知识经济的崛起，使得"知本主义"这一理念得到越来越多企业的重视。但华为对此的理解和实践有其独特之处，对于华为来说，"知本主义"不仅仅是一个高大上的概念或者理念，而且是一个深入日常工作中的实践过程。为了将这一理念真正落地，华为创建了一系列的机制，如内部论坛、研究所和创新实验室，以鼓励员工分享和交流知识。这些平台不仅仅是为了增进员工之间的交流，更是为了形成持续创新的企业文化。

此外，华为还与全球的大学和研究机构建立了合作关系，以确保能够获得最新的研究成果和技术。这样的合作模式使华为能够站在科技发展的前沿，快速应对市场的变化。

但知识的获取只是第一步，更重要的是知识的应用和转化。华为希望员工将所学应用到实际工作中，无论是产品研发、市场策略还是客户服务，都强调知识的价值。因为只有将知识真正转化为实际的生产力，才能使企业在市场上保持竞争力。

三、知识资本资产化对其他企业的启示

在快速变化的商业环境中，企业如何利用和管理知识资本已经成了决定其成功与否的关键因素。华为的经验为其他企业提供了宝贵的参考。

首先，企业应重视知识资本，将其视为公司的核心竞争力。在数字化、网络化的今天，物质资产已经不再是企业的唯一支柱。知识、技能和创新能力成了企业竞争的核心。因此，企业需要对知识资本进行合理的评估和管理，确保其能为企业创造持续的价值。

其次，提供培训和学习资源，鼓励员工持续学习和分享

知识。一个学习型的组织能够更快地适应变化，更容易在竞争中取得优势。员工的持续学习不仅能提高其个人能力，还能为企业带来新的知识和视角。

再者，创造机制和平台，以鼓励知识的交流和应用。企业应该鼓励跨部门、跨团队的知识交流，打破信息孤岛，促进知识的共享和传播。同时，还应该为员工提供实际应用知识的机会，让他们看到知识的价值，从而进一步激发其学习的热情。

最后，关键要点是知识已经成为现代企业最重要的资产之一，对于知识的管理和利用直接决定了企业的竞争力。

将知识转化为资本需要系统的策略和实践，而不只是宣传口号。

持续学习和知识分享是实现知识资本资产化的关键，企业应该为员工提供足够的资源和机会，促进员工个人和团队的成长。

四、“知本主义”在未来的趋势

随着全球化的推进和技术的持续发展，“知本主义”将更加深入人心，并在各个行业中发挥更加重要的作用。华为的成功只是众多企业中的一个典型例子，但它的经验无疑为许多企业提供了宝贵的启示。

1. 跨行业融合的趋势

在未来，知识的边界将更加模糊，各个行业之间的知识交流和融合将更加频繁。企业需要打破传统的行业界限，积极寻求与其他行业的合作，以获得更加全面和深入的知识。

2. 个性化学习的崛起

随着技术的发展，每个员工都可以根据自己的需求和兴趣进行个性化学习。企业应该为员工提供更加灵活和多样化的学习资源，帮助他们实现自我价值的最大化。

3. 知识的共享文化

在未来，知识的拥有者不再仅仅是专家或学者，每个人都可以成为知识的创造者和传播者。企业需要培养知识共享的文化，激励员工互帮互助。

4. 知识技术的发展

随着人工智能、大数据和云计算等技术的发展，知识的管理和利用将更加智能化。企业需要不断地更新自己的知识技术体系，以适应这种变化。

“知本主义”将继续引领企业的发展方向，并为企业创造可持续价值。

第三节 知本数字化

在信息化、互联网化的时代背景下，数字化转型已经成为众多企业的关键战略。“数字化”不仅仅是引入新的技术，更是一种深刻的商业模式和组织结构的变革。在这个变革中，众多企业在寻找自己的方向，希望通过数字化实现更高的工作效率、更好的客户体验和更大的市场份额。

华为，作为一个全球领先的信息与通信技术解决方案供应商，自然也在数字化转型的浪潮中处于前沿。它不仅仅是一个技术供应商，还是一个有着深厚技术积累和丰富市场经验的创新者。其对数字化的理解不仅局限于技术层面，更涉及企业的各个方面，从产品研发到市场营销，从内部管理到与合作伙伴的协同。

而“知本数字化”不仅仅是数字化转型的一部分，更是华为将企业的核心资产——知识，与数字技术结合的产物。在过去，知识可能被局限在纸质资料中，或者分散在各个部门或存在于员工的头脑中。但在数字化的今天，知识可以被系统地整合、分类和共享，使其发挥出更大的价值。而华为正是把握住了这一点，将知识与技术完美融合，为客户和合作伙伴提供更有价值的服务和解决方案。

一、用数据说话

在现代企业管理中，数据的重要性不言而喻。尤其在信息爆炸的今天，大量的数据被产生、传输和处理，为企业决策提供了前所未有的支持。然而，数据的真正价值并不仅仅在于其数量，更在于如何正确地解读和应用这些数据。

华为认为真实、准确的数据是企业决策的重要依据。这并不是一个空洞的口号，而是华为日常运营的一个核心理念。在日常运营中，华为鼓励员工“用数据说话”，而不是单纯依靠经验或感觉进行决策。这种数据驱动的决策方式，确保了公司决策的客观性和准确性。而这种决策方式的背后，是华为对数据的高度重视和对员工的培训和指导。

华为的研发、市场、销售等部门，都在积极运用数据分析，深入了解市场趋势、客户需求和产品性能。每当有新的项目或策略需要制定时，这些部门都会首先进行数据分析，确保每一个决策都是基于真实、准确的数据。这不仅提高了决策的效率，也避免了由于主观判断带来的误差。

二、数据是公司的核心资产

在数字化时代，数据已经成为企业的“新石油”。就像石油在工业化时代的价值一样，数据在今天同样拥有不可估量的价值。而对于华为这样的高科技公司来说，数据更是公司运营、研发和市场策略的关键。

对于华为来说，数据不仅是数字，更是公司的核心资产。这些数据可能包含了客户的行为习惯、产品的使用情况、市场的趋势等信息，这些都是企业制定策略和优化产品的关键依据。

确保数据的真实性、完整性和安全性是华为的首要任务。在数据收集的过程中，华为会使用各种手段和技术，确保收集到的数据是真实和准确的。在数据的整理和存储过程中，华为会使用先进的数据管理系统，确保数据的完整性和安全性。

同时，华为明确规定，企业数据是属于公司的，不同部门的数据在授权下可以充分共享。这种数据共享机制，确保了各个部门能够快速、准确地获取所需数据，提高了工作效率。而数据的共享也促进了跨部门之间的合作，使各个部门能够更加紧密地协同工作，共同为用户提供更好的服务。

三、数据成为决策的依据

在传统的企业管理模式中，决策往往是基于经验和直觉的。但在数字化的今天，数据已经成了最有力的决策支持工具。有了数据的支持，企业可以更加精准地了解市场动态，更加科学地进行资源配置，更加高效地响应用户需求。

数据不仅是被用来看的，更是被用来做决策的，这一点体现在华为的各个业务领域和管理层级。无论是产品研发、市场策略还是销售策略，华为都充分运用数据进行分析，确保决策的准确性和时效性。

例如，在市场策略制定中，华为会分析大量的市场数据，确定目标市场、目标客户和市场定位。这些数据不仅包括了市场的总体趋势，还涉及竞争对手的动态、潜在用户的需求等详细信息。基于这些数据，华为可以制定出更加精准的市场策略，更好地满足用户需求，提高市场份额。

同样，在产品研发中，华为会根据用户数据，调整产品设计和功能。这些数据可能来源于用户的反馈、产品的使用记录、市场的调研等。通过对这些数据的分析，华为可以更加准确地了解用户的需求和习惯，进而优化产品设计，确保产品更加贴近用户需求，增强产品的竞争力。

四、实践建议

在数字化时代，数据的价值已经被越来越多的企业所认可。但如何更好地利用数据，实现数据驱动的决策和运营，仍然是许多企业面临的挑战。基于华为的经验和实践，我们提供以下几点建议。

1. **数据驱动决策**

企业应该充分运用数据进行决策，确保决策的客观性和准确性。数据不仅仅是数字，它包含了市场的信息、用户的需求、产品的反馈等关键信息。因此，企业应该建立一个数据分析团队，进行定期的数据分析，为决策提供有力的支持。

2. **加强数据管理**

数据的真实性、完整性和安全性是企业能够充分利用数据的基础。因此，企业应该注重数据的收集、整理和利用，确保数据的质量。同时，企业也应该对数据进行备份和加密，防止数据丢失或被恶意使用。

3. **推广数据共享**

在许多企业中，数据往往被各个部门“独占”，导致数据的利用率低下。企业应该建立数据共享机制，确保各个部门能够快速、准确地获取所需数据。数据的共享可以提高工作效率，促进部门之间的合作，实现企业的整体优化。

企业还应该进行数据培训，提高员工的数据素养。只有当企业的每一个员工都能够理解和利用数据，才能真正实现数据驱动的运营和决策。

五、关键要点

数据在现代企业中的作用已经变得不可或缺。它已经从单纯的数字、报表和图表，变成了驱动企业成长和创新的关键资源。以下是几个关于数据在企业中作用的核心要点：

1. **数据是企业的核心资产**

在数字化时代，数据已经成为企业最宝贵的资源。它不仅记录了企业的运营情况，更包含了市场的信息、用户的反馈和产品的性能。因此，企业应该充分利用这些数据，实现更高的运营效率和更好的用户体验。

2. **数据驱动决策**

决策是企业运营的关键环节。一个正确的决策可能会为企业带来巨大的利润，而一个错误的决策可能会导致严重的损失。因此，企业应该充分运用数据，确保决策的客观性和准确性。数据可以提供真实、客观的信息，帮助企业更好地了解市场和用户，制定更加科学的策略。

3. **加强数据管理**

数据的价值不仅仅在于其数量，更在于其质量。因此，企业应该加强数据的管理，确保数据的真实性、完整性和安全性，还应该对数据进行定期的备份和更新，确保数据的时效性。

数据已经成为企业的“新石油”，它的价值已经超越了传统的资产。为了在激烈的市场竞争中取得优势，企业应该充分利用数据，实现数据驱动的运营和决策。

第四节 商业无形化

随着全球经济的发展和科技的进步，我们正处于一个从有形到无形的转变期。这一转变并非偶然，而是多种因素共同作用的结果。在过去的几十年里，随着互联网、移动技术和云计算的兴起，数据和信息开始变得越来越重要。企业不再仅仅依赖于传统的实体资产，不只是用土地、工厂或存货来创造价值。相反，知识、技能、品牌和网络等无形资产开始成为企业价值的核心部分。

这种转变在很大程度上受到了技术创新的推动。例如，数字化和自动化技术使得企业能够更有效地管理无形资产，如知识资本和客户关系。此外，全球化也为企业提供了更多的机会来利用无形资产，进入新的市场和拓展业务。

然而，这种转变也带来了挑战。与有形资产相比，无形资产的价值更加难以量化，且更加易于复制。因此，企业需要找到新的方式来保护和增值无形资产。

过去，企业依赖于有形的商品，用商品、机器还有其他实物资产来赚取利润。但随着时间的推移，这种模式正在发生变化。

一、“有形”与“无形”的对比详解

传统上，企业依赖于有形商品的销售来获得利润，这种利润主要来自生产成本和销售价之间的差价。例如，一家制造公司会购买原材料来生产产品，然后以高于成本的价格出售，从中获得利润。这种模式已经存在了数百年，并且在许多行业中仍然是主导。

但随着竞争的加剧和市场的饱和，这种差价越来越小。随着生产过程的自动化和全球化，生产成本大大降低，导致价格竞争愈发激烈。在这种情况下，仅依靠有形商品的销售让获得利润变得越来越困难。

相反，无形的商品，如软件、服务和知识，提供了一个新的利润来源。这些无形的商品的价值不在于它们本身，而在于它们为客户提供的价值。例如，一家软件公司可能会提供解决特定问题的软件，帮助客户节省时间和金钱。同样，一家咨询公司可能会提供专业的知识和建议，帮助客户解决业务问题。这些无形商品的价值往往超过其生产成本，从而为企业创造了巨大的利润空间。

与有形商品相比，无形商品具有一些独特的优势。首先，无形商品不需要物理空间来存储，这大大减少了与存储和物流相关的成本。其次，无形商品可以轻松地复制和分发，使得企业可以快速扩展其业务。最后，无形商品更加灵活，可以根据客户的需求进行定制。

二、华为的实践与策略

华为不仅见证了这种从有形到无形的转变，而且在其中扮演了关键角色。这种转变并不是一蹴而就的，而是经过了多年的策略调整和实践创新。

1. 服务的崛起

华为意识到，为了在这个竞争激烈的市场中脱颖而出，必须提供更多的价值。传统的硬件销售，如路由器和交换机，虽然仍然是公司的重要收入来源，但这些设备的销售竞争愈发激烈。因此，华为逐渐将其业务转向服务和解决方案，而不仅仅是产品。例如，华为云服务提供了一系列的云计算和大数据解决方案，帮助企业构建更强大的 IT 基础设施。这种转变使华为能够为其客户提供更广泛的服务，从而获得更高的利润。

2. 创新的重要性

华为深知，在技术行业，创新是关键。华为不仅仅是在产品和技术上创新，也在商业模式和策略上进行了大量创新。例如，华为开设了多个研发中心，与全球顶尖的科研机构合作，持续进行前沿技术研究。通过不断的创新和适应，华为确保了其在这个快速变化的市场中的竞争力。

3. **全球化战略**

华为早期就意识到，要在全球市场上取得成功，就必须进行全球化战略。从设立海外研发中心到与当地合作伙伴建立合作关系，华为都在努力打入国际市场，并为当地客户提供定制化的解决方案。

三、实践建议的深入探讨

面对商业无形化的趋势，企业不仅需要认识到这一转变，更要采取积极的策略来适应和利用这一转变。以下是对实践建议的深入探讨。

1. **转向服务和解决方案**

随着传统的有形商品销售所带来的利润空间日益缩小，转向服务和解决方案成为许多企业的选择。这不仅是因为服务和解决方案有更高的利润，更重要的是，它们可以帮助企业与客户建立长期的关系。与产品销售不同，服务和解决方案往往需要与客户进行持续的互动，这为企业提供了更多的机会去了解客户的需求，从而为客户提供更加个性化的解决方案。

2. **不断创新**

在快速变化的市场环境中，创新不仅是一种竞争手段，更是企业生存和发展的关键。这包括产品创新、技术创新，以及商业模式和策略的创新。企业需要建立开放和鼓励创新的文化，鼓励员工提出新的想法和建议，并为他们提供必要的资源和支持来实现这些创新。

3. **提供更多的价值**

在今天的市场环境中，企业不能仅仅满足于提供产品或服务，而是需要思考如何为客户提供更多的价值。这可能包括提供更好的售后服务、培训、技术支持等。只有真正了解并满足客户的需求，企业才能在竞争中脱颖而出。

四、关键要点的进一步解读

1. **商业无形化是未来的趋势**

商业无形化不仅是一种趋势，而且已经成为现代商业的核心特征。随着知识经济的崛起，信息、技能和创新变得越来越重要。这意味着企业必须重新考虑其商业模式和价值创造方式，不再是简单地生产和销售物理产品，而是提供解决方案、服务和体验。企业需要理解这一趋势，并调整其战略来应对这一变革。

2. **服务和解决方案为企业提供了新的利润来源**

与传统的商品销售相比，服务和解决方案通常会给企业带来更高的利润。这是因为它们不仅是满足客户的基本需求，而且会为客户提供增值服务。例如，企业不仅可以销售计算机硬件，还可以为客户提供软件解决方案、培训和技术支持。这样，企业不仅可以从销售中获得利润，还可以从提供的增值服务中获得持续的收入。

3. **为了在市场上保持竞争力，创新是关键**

在快速变化的市场中，创新是企业保持竞争力的关键。这不仅是产品和技术的创新，还包括商业模式、营销策略和客户服务的创新。企业需要建立激励创新的文化，激励员工持续学习和尝试新的方法。只有这样，企业才能在竞争中保持领先地位，为客户提供更好的产品和服务。

第五节 客户价值化

在当今的商业世界中，竞争无处不在，每一个细分市场都有着众多的竞争者。在这种背景下，仅仅提供优质产品或卓越服务，已经不足以为企业赢得先机。成功的企业，除了注重产品和服务的质量外，更需要关注如何为客户创造持续、长远的价值。这正是“客户价值化”的核心理念。它强调的不仅是交易的过程，而是如何在每一个交互中，为客户带来更大的价值、更深的体验。

华为就是这一理念的坚定执行者。华为深刻认识到在技术迅猛发展的时代，与客户建立深厚的关系，为客户带来更大的价值是它赢得全球市场的关键。因此，在华为的商业策略中，“客户价值化”被置于首位，作为公司战略发展的核心和灵魂。

一、提升产品价值

在全球化的市场背景下，消费者有着更为丰富的选择权和更高的期待。华为深知，想要赢得客户的心，首先要有一流的产品。优质的产品不仅是华为的骄傲，也是它与消费者建立信任的桥梁。因此，华为每年都投入巨额的资金用于研发，希望通过技术的突破与创新，为消费者带来更为出色的产品体验。

与此同时，华为不仅仅满足于技术的领先，更加注重与消费者的互动与沟通。通过各种渠道深入了解客户的真实需求，然后反馈给研发团队，确保每一个产品的推出都能够贴近市场、贴近消费者。这种对于卓越的追求、对于创新的热情，使华为的产品始终能够领跑市场，成为行业的标杆。

二、提升服务价值

在当今的市场环境中，仅有高品质的产品并不等同于赢得了客户的忠诚。服务质量与产品质量同等重要，华为将这一点视为品牌的核心竞争力之一。对于华为来说，“服务”不仅仅是解决用户遇到的问题，更是与用户建立长期、互信关系的过程。

从用户首次接触华为的产品开始，华为就提供前期咨询服务，帮助他们更好地了解产品的功能和产品的优势。在产品实施阶段，专业的技术团队会确保每一个步骤都精准、高效，确保用户能获得最佳的使用体验。而在产品使用的后期，无论出现何种问题，华为的售后服务团队都能迅速响应，为用户提供及时、专业的维护与支持。

更值得一提的是，华为会持续收集用户反馈，不断完善其服务流程和标准，确保在日益变化的市场环境中，始终为用户提供超乎预期的服务体验。

三、提升员工的价值

企业的竞争力不仅来源于先进的设备或高端的产品，更多地来自其人力资源。每一个员工都是公司前进的动力和推手，他们的能力、热情和才华，决定了公司的未来走向和市场地位。

因此，华为高度重视员工的成长和发展。除了定期的培训外，华为还与多家知名教育机构合作，为员工提供尖端的技术课程和领导力培训。而且，华为还鼓励员工进行跨部门、跨领域的交流和学习，从而拓宽视野，激发创新思维。

考核方面，华为注重结果导向和能力评估，而不是单纯的工作时长或工作量。这种考核方式更能够激励员工发挥其潜能，不断追求卓越，同时，也确保了用户在与华为的每一次互动中，都能感受到专业、热情和高效。

四、提升品牌价值

在今天的消费文化中，品牌的影响力不容小觑。对于消费者而言，品牌不只是一个名字或标志，更是对质量、性能和价值的承诺。华为深知这种深深植根于消费者心中的期望和信任，所以一直非常注重每一个细节，强化其品牌价值。

华为在全球范围内组织各类品牌活动，旨在与用户更加紧密地互动，从而更好地传达其品牌理念。这些活动包括技术研讨会、产品发布会、用户体验活动等，都在华为和消费者之间建立了一个直接、真实的沟通平台。

更为重要的是，华为始终保持对技术的热情和对创新的追求。每当市场上出现新的技术或趋势时，华为都是第一时间响应，并将其融入产品和服务中。这种始终处于行业前沿的态度，使得华为品牌在消费者的心中始终保持新鲜和领先。

五、降低成本

任何一家对其客户真正负责的企业都知道，尽管高质量的产品和卓越的服务至关重要，但客户的整体成本同样不容忽视。华为对此有深刻的认识，并持续努力在多个方面为客户节省成本。

货币成本是最直接的一种，关系到用户的实际支出。华为通过不断完善供应链管理、采购策略和生产工艺，确保产品的成本效益最大化，从而为客户提供具有竞争力的价格。而时间成本对于许多客户来说同样重要。为了减少用户在等待、安装和维护产品过程中的时间消耗，华为已经推出了一系列高效的在线服务和工具。

此外，精神成本和体力成本往往被忽视，但其对客户满意度的影响不可小觑。华为的用户界面设计始终以简洁和直观为原则，减少用户在使用过程中可能遇到的困惑和挑战。同时，为了让用户更为轻松地获得支持和服务，华为在全球范围内设立了多个服务中心和多条热线，确保用户无论何时何地都能得到及时的帮助。

六、实践建议

1. 全方位考虑客户需求

在当今的消费者市场，单一的策略已不再适用。企业必须全方面考虑客户的需求。这意味着企业不仅要提供高质量的产品，还要确保服务、价格策略和交付时间都与目标市场和客户基础的期望相一致。例如，快速响应和高效的物流对于追求便捷性的客户群体尤为重要。

2. 持续投资于研发和培训

技术和市场需求是不断变化的，企业必须保持警觉并不断地更新产品和服务。此外，员工是企业的重要资产，他们的能力和专业知识直接影响到客户的满意度。持续的培训和发展计划可以确保员工与行业发展同步，能够更好地服务于客户。

3. 建立和维护品牌形象

品牌不仅是企业的标志，更是客户对企业的第一印象。一个强大且积极的品牌形象可以让企业在竞争中脱颖而出，吸引并留住更多的客户。因此，企业必须投资于品牌营销和公关活动，确保其品牌在市场中始终保持积极和正面的形象。

七、关键要点

成功的企业都明白，赢得市场不仅要提供高质量的产品和服务，而且要与客户建立深厚的关系，确保客户的需求和期望得到满足。

（1）为了建立这样的关系，仅仅拥有高质量的产品和服务是远远不够的。确实，产品的功能性和可靠性是基础，但在此之上，企业需要确保其服务水平、员工素质和品牌承诺都达到最高标准，才能真正与客户建立持久且有意义的关系。

（2）在当今的市场环境下，客户不仅关心产品和服务的质量，而且也非常关心与之相关的成本。这包括直接的货币支出以及与购买、使用和维护产品或服务相关的时间和精力。因此，对于任何希望保持竞争力的企业来说，考虑并努力降低客户的总体成本是至关重要的。

（3）品牌已经不再是一个简单的标志或名称，它代表了企业的全部承诺、价值观和信誉。一个强大的品牌会赋予企业一种特殊的身份，使其在客户心中脱颖而出，并让客户对企业保持持续的忠诚度和信任（如图 1 所示）。

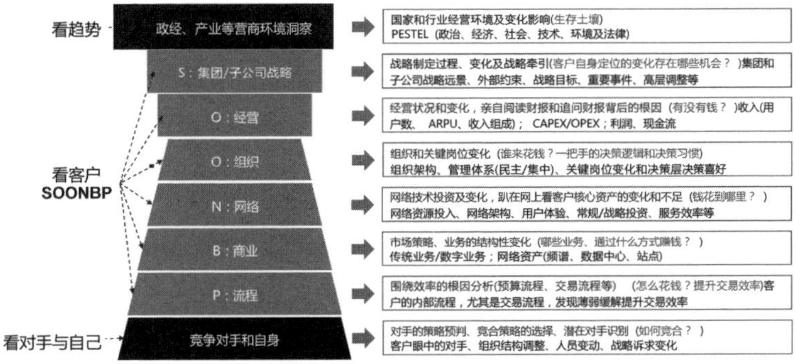

图 1　深度理解客户是所有业务活动的原点

第六节
技术网格化

随着信息化时代的加速到来，企业正在面临着前所未有的机遇和挑战。其中，技术发展和应用的复杂性日益增加，这要求企业必须具备更加敏捷和高效的技术架构以应对市场变化。正是在这种背景下，技术的分布式化和微服务化应运而生。

分布式架构带来了系统的高可用性和弹性，但同时也带来了诸多复杂性。这种复杂性表现在服务之间的交互、数据的一致性、系统的监控和故障恢复等方面。为了更好地管理这些问题，微服务架构变得尤为重要。而服务网格技术则作为这一变革的关键角色出现。

服务网格技术为客户提供了一个透明的控制和管理层，使得企业可以在不改变原有业务代码的前提下，实现对微服务之间交互的精细控制。这包括流量管理、安全策略的实施、服务的发现和负载均衡等功能。这样，企业就可以专注于其核心业务，而不是被复杂的基础架构所困扰。

华为不仅关注当前的技术趋势，更注重未来的技术发展方向，并在此基础上进行了积极的布局。

一、华为在服务网格领域的领先之路

华为长期致力于通信、云计算、大数据等技术的研究和应用，已然在全球建立起了强大的技术声誉。而在当前的微服务和服务网格领域，华为同样表现出了不凡的实力。

1. 服务网格与容器引擎的深度整合

容器技术，尤其是 Kubernetes，已经成为云原生应用的标准。CCE（云容器引擎）为企业提供了一个高效、可靠的容器化应用管理平台。而华为的云应用服务网格产品与 CCE 之间的深度整合，意味着企业现在可以更加流畅地在这一平台上进行微服务的开发、部署和管理。这种无缝整合使得从代码到生产的整个流程更为简洁高效，同时也大大降低了技术门槛，使更多开发者和企业轻松地进入微服务领域。

2. 提供全生命周期管理方案

华为对于技术的理解不仅仅停留在工具和平台的层面，更多的是如何为企业带来真正的价值。华为提供的服务网格解决方案覆盖了应用的整个生命周期。从开发环境的配置、代码的构建和部署，到应用的运行、监控和维护，这种全生命周期的管理思维，使得企业可以集中精力优化业务流程，而不是被琐碎的技术问题所困扰。

3. 全栈能力的增强

在微服务的架构中，只有应用层的优化还远远不够，而应该是整个技术栈的深度整合和优化。华为的服务网格不仅在应用层面为客户提供了强大的支持，还深入到计算、存储、网络和安全等底层技术。这意味着，当企业在华为的平台上部署应用时，不仅获得了服务网格的能力，还获得了整个技术栈的强大支撑。

4. 易用性、可靠性、可视化的加强

任何技术的推广和应用，易用性都是关键。华为对服务网格进行了大量的用户体验优化。无论是新手还是资深开发者，都可以在华为的平台上轻松上手。同时，华为也强化了服务网格的可靠性和安全性，确保企业应用的稳定运行。而且，通过可视化的界面，企业可以更加直观地管理和监控其应用，进一步提高运维效率。

二、服务网格在企业实践中的关键性

随着数字化转型的推进，企业越来越依赖技术来提高其业务效率和创新能力。而在这个过程中，如何选择和利用技术成为决定企业成功与否的关键因素。服务网格，作为当前技术领域的热门话题，有其独特的价值和意义。

三、实践建议

1. 全面了解服务网格

服务网格不仅是一种新技术，更是一种新的思维方式和方法论。企业应当全面了解服务网格技术的核心概念、优势和适用场景，以便更好地将其应用于实际业务中。这也意味着，企业需要为技术团队提供培训，确保其具备足够的知识和技能。

2. 选择合适的平台

虽然市场上有许多服务网格解决方案，但并不是所有的平台都适合每一家企业。企业需要根据其自身的业务需求、技术背景和发展战略来选择最合适的服务网格平台。在这个过程中，企业可以考虑平台的稳定性、可扩展性、社区活跃度以及与其他技术的整合能力。

3. 持续学习和更新

技术的发展永远不会停止，企业也不能停滞不前。为了确保技术始终与时俱进，企业应当持续关注服务网格领域的最新发展和趋势，及时更新和优化自己的技术栈。此外，也可以通过参与社区活动、技术研讨会等方式，与其他企业和技术人员交流，共同进步。

四、关键要点

1. 服务网格的核心价值

服务网格是一种能够为企业提供更加灵活、稳定和高效的微服务管理的平台。它可以帮助企业更好地应对技术和业务的复杂性，实现快速创新和持续优化。

2. 华为在服务网格领域的领导地位

作为全球技术巨头，华为凭借其强大的技术实力和市场洞察，为企业提供了一系列全面、高效的服务网格解决方案。

3. 企业的实践路径

对于大多数企业来说，使用服务网格技术并不是很容易就成功的。企业需要有明确的目标、正确的方法和持续的努力。

第七节 业务场景化

在当今技术驱动的商业环境中，传统的产品或服务供应方式已经逐渐被淘汰，或者说它们在某种程度上已经不再符合现代消费者的期望。客户的需求不仅复杂而且多样，他们不再满足于单一、固定的解决方案，而是希望找到定制化、与特定业务场景相匹配的服务。华为正是通过理解并应用这种“业务场景化”的策略，在全球范围内取得了巨大的成功。

一、华为的业务场景解决方案

1. 城市融合感知解决方案

随着城市管理和服务的难度日益增加，在这其中，数据和技术的应用成为提高效率的关键。华为的城市融合感知方案是一个综合性的解决方案，它融合了物联网、大数据、AI等技术，旨在提升城市的智能化管理水平。实际上，这个方案不仅可以帮助城市管理者实时获取各种关键指标的数据，如交通流量、能源消耗、公共安全等，而且能够基于这些数据做出预测和优化，实现更为高效和智能的城市管理。

2. 财政技术中台解决方案

财务是企业的核心，而在数字化时代，财务管理变得更加复杂。为了应对这些挑战，华为推出了财政技术中台解决方案。这不仅是一个简单的财务管理工具，而且是一个整合了多种技术的平台，包括云计算、大数据和AI。它旨在为财务人员提供一个全方位、一站式的服务平台，使其可以更加高效地完成日常工作，同时也确保数据的准确性和安全性。

3. 智慧医院全光阅片解决方案

医疗健康是每个人都关心的话题。在医疗诊断中，图像和数据分析的重要性不言而喻。华为的这一解决方案正是基于这一点，利用了先进的图像处理技术和AI算法，帮助医生更加准确地诊断疾病。这不仅可以提高诊断的准确性，而且能够大大缩短诊断的时间，为患者提供更为迅速和有效的治疗建议。

4. **银行分布式新核心解决方案**

随着金融科技的飞速发展，银行业面临着前所未有的挑战和机会。在大数据、云计算和区块链等技术的推动下，金融交易和数据处理的速度和安全性有了很大的提高。华为为此提供的分布式新核心解决方案，是在深入研究金融业务需求的基础上设计的。这个方案采用了分布式技术，确保了数据处理的高效性和安全性。同时，加密算法的应用也大大提高了客户数据的保密性，为银行业提供了强大的技术支持。

5. **工业 AI 质检解决方案**

制造业是国家的重要支柱产业，而在制造过程中，产品质量是最为关键的。随着工业 4.0 和智能制造的概念逐渐被广大企业所接受，AI 技术在质量控制中的应用也日益成为热点。华为的工业 AI 质检方案是基于这一趋势而设计的。它集成了传感器技术和 AI 算法，可以实时监控生产线上的产品质量，及时发现并排除不合格产品，确保出厂产品的高质量。

6. **电网数字换流站解决方案**

电力是现代社会的基础设施，其稳定供应直接关系到国家的经济和社会稳定。在新能源技术和电网技术日新月异的今天，电网的管理和运营确实面临着很多新的挑战。华为为此提供的电网数字换流站解决方案，是集成了数据分析和云计算技术的解决方案。它可以实时监控电网的运行状态，预测和处理潜在的故障，确保电网的稳定运行。

7. 本安型矿山工业承载网解决方案

矿山的特殊环境，如复杂的地形、极端的气候条件等，为矿山的通信和数据传输带来了巨大的挑战。华为的方案正是为了解决这些问题而设计的。它为矿山提供了一个针对其特殊环境优化的、稳定可靠的通信网络，确保了矿山的安全生产。

8. 智能隧道解决方案

隧道作为重要的交通工程，其建设和维护都需要大量的数据支持。而这些数据的获取和分析，对于确保隧道的安全和稳定运营至关重要。华为的智能隧道解决方案为隧道工程提供了一个集成的、智能化的数据管理平台，不仅可以实时获取隧道的运行数据，还能够预测潜在的风险，为隧道的管理提供有力的支持。

9. 智慧机场光感围界解决方案

机场，作为国家和城市的重要门户，其安全和高效运行关系到大量旅客的生命财产安全。华为采用了先进的光学传感技术，为机场提供了一个实时的、高精度的监控系统，确保了机场的安全运营。

10. 港口智能水平运输解决方案

在全球化贸易日益频繁的今天，港口的重要性不言而喻，而确保港口的高效运营是每个港口都面临的挑战。华为为港口提供了自动化的、智能化的货物管理和运输系统，大大提高了港口的运营效率。

华为的这些解决方案，无疑展现了其在各个领域的深厚技术积累和市场洞察力。但对于其他企业来说，如何根据自身的实际情况，选择和应用这些解决方案，仍然是一个值得深入思考的问题。

二、实践建议

1. 深入了解业务场景

不同的业务场景有其独特的需求和挑战，企业在选择和应用技术解决方案时，必须先深入了解自身的业务场景，确保所采用的方案能够真正满足实际需求。

2. 持续创新

技术和市场环境在不断变化，企业必须保持对技术的敏感性和对市场的洞察力，持续创新，确保自己始终走在行业的前沿。

3. 加强与技术供应商的合作

华为拥有丰富的技术积累和实践经验，企业应该加强与其合作，充分利用其技术和资源，实现业务的快速发展。

三、关键要点

1. 业务场景的重要性

随着技术的进步和市场的变化，传统的供应方式已不再能满足复杂的市场需求。“业务场景化”的策略提供了有效的解决方案，使企业能够为特定的场景提供定制化的解决方案。

2. 华为的成功模式

华为通过“业务场景化”的策略，在全球范围内成功地提供了一系列高效的解决方案，这也是其在市场中取得竞争优势的一个重要原因。

3. 多样化的解决方案

华为为各种业务场景提供的解决方案涵盖了多个领域，如城市管理、财务管理、医疗、金融、制造、电网、矿业、隧道、机场和港口等。这显示了华为深厚的技术实力和对不同行业的深入了解。

4. 持续创新和合作的重要性

技术和市场需求都在不断的变化中，只有持续创新和与合作伙伴保持紧密合作，企业才能确保其解决方案始终处于行业的前沿，为客户创造更多的价值。

5. 市场洞察力

华为的解决方案不仅体现了技术实力，还显示了对市场的深入洞察。企业必须深入了解市场和客户的需求，才能提供真正有价值的解决方案。

6. 合作和资源共享

在当前复杂的市场环境中，单一企业很难满足所有的市场需求，必须与其他企业和技术供应商建立合作关系，共享资源，实现互利共赢。

第八节 产品生态化

当今时代，随着世界经济全球化的步伐逐渐加快，企业面临着前所未有的竞争压力。其中，产品或服务是否能够满足日益多样化和复杂化的市场需求，成了一个核心考量。在过去，一个优质的产品或服务就可能使企业在市场上获得优势，但在今天，这已经不再适用。单一的产品或服务已经很难满足那些寻求多元化体验的客户，尤其是在技术日新月异、需求多变的情境下。

这也解释了为什么如今“生态化”的理念开始越来越受到各大企业的重视。简单来说，产品生态化意味着将多个相关产品或服务聚合在一起，构建一个完整的、互相协同的系统，从而更好地满足客户的各种需求。在这个系统中，每一个产品或服务都像是生态中的一个组成部分，互相之间形成一种有机的联系和依赖关系。

以华为为例，这家全球技术行业的佼佼者近年来不断强调生态化的战略，意识到单一的硬件产品或服务已不足以支撑其未来的发展。因此，华为早早地开始转型，从一个传统的硬件供应商逐渐转变成一个提供全方位解决方案的技术巨头。

一、华为：领航全球技术生态的先锋

华为的成功，并不仅是因为其高质量的产品线，更深层次的原因在于华为对于市场的敏锐洞察以及对于生态系统的投资和建设。在瞬息万变的技术市场中，华为的战略布局显示出其远见和领导力。

1. 鲲鹏处理器+昇腾 AI 处理器基础设施大生态

许多竞争对手仅仅关注某一特定产品或服务，而华为早在研发阶段就确立了一个更广泛的技术视角。鲲鹏处理器和昇腾 AI 处理器不仅代表了华为在半导体领域的突破，更意味着华为正向建设全面而自给自足的技术生态迈进。

这两个处理器的出现，为华为在云计算、大数据、人工智能等领域提供了强大的技术支持。它们的集成使得企业能够享受到更高效、安全和稳定的基础设施服务，而华为则利用这两大处理器将其生态系统推向了新的高度。

2. 鸿蒙 OS+IOT 软硬件的大生态

面对 Android 和 iOS 等操作系统的竞争，华为没有选择避其锋芒，而是决定自主研发鸿蒙 OS，寻找属于自己的市场空间。鸿蒙 OS 不仅仅局限于手机，它的设计思路旨在打造一个跨设备、跨平台的操作系统，从智能家居到汽车，都可以看到其身影。结合 IOT 技术，鸿蒙 OS 的出现进一步加强了华为在智能互联领域的领导地位。

3. 5G 通信产业大生态

与 5G 技术的普及和推广紧密相连，华为的 5G 通信产业生态系统足以媲美任何一个国际品牌。无论是 5G 基础设施的搭建，还是与 5G 相关的各类产品和服务的提供，华为都展现出了卓越的技术能力和市场洞察力。这也意味着，华为已经做好了充分的准备，确保在全球通信产业中的领导地位。

二、构建生态化策略：三大核心建议

在技术飞速发展的今天，企业不仅要拥有强大的产品或服务，还要确保自己能够快速适应不断变化的市场需求。对于许多企业来说，生态化已经不再是选择，而是必要。基于华为的成功案例，我们提出以下三大核心建议，以帮助企业更好地构建和完善产品生态化策略。

1. 构建自己的核心技术

无论是哪种行业，核心技术始终是企业竞争力的基石。只有拥有自己的核心技术，企业才能够在市场上持续保持领先。华为的鲲鹏处理器和昇腾 AI 处理器就是其成功的生动例证。因此，对于所有希望在市场上脱颖而出的企业来说，投资研发、保护知识产权，并不断优化自己的核心技术是关键。

2. 跨平台、跨设备的协同与整合

在互联网时代，各种设备和平台紧密相连。企业的产品或服务不仅要在单一平台上运行好，还要能够与其他平台和设备无缝对接。华为的鸿蒙 OS 就是一个典型的例子，它不

仅仅局限于手机，还可以应用于其他设备。因此，企业在构建生态系统时，必须考虑到跨平台、跨设备的协同与整合，确保为用户提供一致且高效的体验。

3. 构建开放、互利的合作伙伴关系

一家企业很难独自完成生态系统的建设。在这个过程中，与其他企业、机构和个人的合作是非常关键的。通过开放的合作关系，企业可以更快地拓展其生态边界，同时也能够借助合作伙伴的力量，提高自己的竞争力。华为在全球范围内与众多公司建立了合作关系，这使其能够在多个领域持续保持领先地位。

三、生态化之道：从华为学到的关键启示

在技术行业，生态化并不是一个全新的概念，如何将它实施得当并真正转化为竞争优势，需要深入的策略思考和完善的执行能力。从华为的实践中，我们可以总结出以下关键要点：

1. 生态化策略是持续的创新过程

生态化并不是一次性的项目，而是一个持续的过程。企业需要不断地进行市场调研、技术研发和策略调整，以适应市场的变化。华为之所以能够在全球市场上取得领先地位，一个重要的原因就是不断地创新生态策略，以满足用户的多元化需求。

2. 专注于用户体验的整体性

生态化策略的核心是为用户提供一体化、无缝的体验。无论是硬件、软件还是服务，都应该围绕用户体验进行优化。华为非常注重用户体验，这也是其成功的关键。

3. 灵活的组织结构和文化是生态化的基石

为了有效地实施生态策略，企业需要有灵活、快速响应的组织结构和企业文化。这样，企业才能够迅速适应外部环境的变化，及时调整策略。华为的组织结构和企业文化都鼓励创新和快速决策，这使其在生态化策略的实施过程中具有更大的灵活性。

4. 与合作伙伴共赢

在构建生态系统的过程中，与合作伙伴建立长期、稳固的关系是至关重要的。这不仅可以为企业带来更多的资源和机会，还可以帮助企业满足市场的需求。华为与合作伙伴建立了一种共赢的关系，这使得它们能够在多个领域持续合作，实现共同的目标。

第二章

战略篇

方向大致正确，
从战略到执行，
一步一个脚印

第一节 公司平台化

随着科技和全球化的进步，企业的运营模式也在经历着深刻的变革。其中，平台化运作是近年来备受瞩目的一种新型商业模式。华为，作为一家在全球范围内具有显著影响力的技术企业，自然也不会错过这一变革的浪潮。下面我们深入探讨华为是如何实现公司的平台化转型的，以及其他企业可以从华为的经验中学到什么。

一、什么是平台化运作

在探索平台化运作的本质之前，我们首先要理解当代商业环境下的基础变革。传统的商业模式主要是线性的，也就是说，企业主要通过生产商品或提供服务销售给消费者。在这种模式下，企业与消费者之间存在明确的界限，前者是供应方，后者是需求方。

然而，平台化运作打破了这种界限。平台化运作不仅仅是提供商品或服务，更重要的是连接需求方和供给方，创造一个可以共创共享价值的生态系统。简单来说，平台化是一个多边市场，允许各方在同一个平台上进行互动和交易。

其中，技术和数据是平台化运作的核心驱动力。在平台上，大量的数据被收集和分析，使得平台能够更好地了解用户需求，为用户提供更加精准和有价值的解决方案。而技术则为平台提供了必要的基础设施，使其能够连接大量的需求方和供给方，实现高效的资源配置。

与传统的线性商业模式不同，平台化运作更注重的是协同合作。它鼓励各方共同参与，共同创造价值。在平台上，任何一方都可以成为创造者，也可以成为消费者。这种模式不仅提高了资源的利用率，还增强了市场的活跃度。

但是，平台化运作也面临着一系列挑战。例如，如何确保平台上的交易安全、如何处理大量的数据以确保用户隐私、如何在多边市场上保持平衡等。对于这些挑战，平台需要有明确的策略和规则，确保能够健康、稳定地运作。

平台化运作是一种新的商业模式，它将传统的线性商业模式转化为一个多边、协同合作的生态系统。通过技术和数据的驱动，平台能够连接各方，共创价值并共享价值。

二、华为的平台化策略

华为，始于 1987 年，起初只是一家从事通信设备销售的小公司，数十年的发展使其从一家不起眼的企业，变成了全球信息与通信技术解决方案的领导者。在此过程中，平台化策略无疑是其成功的关键要素之一。

华为非常明确：要想在全球范围内与苹果、三星、谷歌等技术巨头竞争，单靠传统的产品销售和服务提供是远远不够的，必须建立一个强大、有生命力的平台，以满足全球用户的多元化需求。

1. **技术与产品的创新**

华为一直将技术创新视为企业发展的核心驱动力。从硬件产品到软件解决方案，华为都在不断地进行技术升级和创新，不仅自主研发了大量的通信设备和智能手机，还投入巨资建设了全球范围内的研发中心，汇聚了众多的技术专家和工程师。

2. **云服务与生态建设**

华为的云服务可以说是其平台化策略的明星产品，为有需求的用户提供各种云计算、大数据和人工智能解决方案。华为为全球用户提供了一站式的服务，更为关键的是，华为积极地与全球的技术合作伙伴、开发者和应用服务提供商建立合作关系，共同打造一个繁荣、有活力的生态系统。

3. **开发者社区与合作伙伴生态**

开发者社区是华为平台化策略的另一个重要组成部分，为有需要的公司提供各种开发工具、教育培训和技术支持，鼓励全球的开发者在其平台上进行创新和开发。同时，华为还与众多的合作伙伴建立了深度合作关系，形成了强大的供应链生态。

4. **全球化布局与本地化战略**

华为在全球范围内进行了精细化的市场布局，确保产品和服务能够满足不同市场的需求。同时，华为还采取了本地化战略，与当地企业和政府机构建立了紧密的合作关系，确保业务能够健康、稳定地发展。

华为的平台化策略不仅仅是技术或产品上的创新，更多的是整体的思维方式和商业模式的转变。通过与全球的合作伙伴共同努力，华为已经成功地建立了一个强大、有生命力的平台，为全球用户提供了高效、有价值的解决方案。

三、传统企业如何向平台化转型

在经济全球化和科技进步的双重驱动下，传统企业面临着前所未有的挑战。竞争日益激烈，消费者的需求也日益多样化。这促使许多传统企业开始转型，而向平台化运作转型无疑是最具前景的选择。

1. 识别自身核心优势

每家企业都有其独特的优势，无论是在品牌、技术、市场渠道还是客户关系上。转型的第一步是识别并深化这些优势。例如，一个拥有广泛销售网络的传统零售商可能会发现网络具有开展线上线下结合的新零售活动的得天独厚的条件。

2. 学习与实践新的商业模式

平台化运作不仅是技术的问题，更多的是商业模式的创新。传统企业需要学习平台型企业的运营方式，如汇集各方资源、连接需求方和供应方、创建并分享价值等，并将这些知识融入自己的商业模式中。

3. 投资技术与人才

任何转型都需要技术和人才的支持。传统企业应该加大在技术研发和人才培养上的投入，确保自己在技术研发和人才上不落后。这包括引入先进的 IT 系统、建立数据中心和培养数字化人才等。

4. 与合作伙伴建立紧密的合作关系

单打独斗的时代已经过去，现代的商业竞争更多的是生态系统之间的竞争。传统企业应该与供应商、分销商、技术提供商等各方合作伙伴建立紧密的合作关系，共同打造一个有活力、有竞争力的生态系统。

5. 倾听客户的声音

在平台化运作中，客户不仅是消费者，更是合作伙伴，他们的需求和反馈非常重要。传统企业应该加强与客户的沟通，了解他们的需求和期望，确保转型的方向和节奏与市场的需求相一致。

传统企业向平台化运作转型是一个系统性、综合性的项目，涉及战略、技术、人才、文化等多个方面。但只要方向正确，步骤得当，无疑会为企业带来巨大的商业价值和竞争优势。

四、平台的未来

平台商业模式作为一个创新的、以连接为核心的经济结构，在过去几年中已经证明了其价值和潜力。但随着科技的快速发展，尤其是 5G、人工智能和物联网这些前沿技术的兴起，平台的未来将如何发展呢？

1. **高度的数字化**

随着大数据和云计算技术的广泛应用，未来的平台将会变得更加数字化。这意味着平台将能够收集、处理和分析更多的数据，为用户提供更加精确和个性化的服务。例如，通过深度学习技术，平台可以根据用户的历史行为和偏好，推荐更符合他们需求的商品或服务。

2. **全面的智能化**

人工智能技术的发展，特别是机器学习和深度学习，将使平台具有更高级的自动化和智能化功能。无论是客户服务、订单处理还是市场预测，都将由 AI 驱动，提供更快、更精确的解决方案。

3. **更广泛的实战化应用**

随着 5G 和物联网技术的应用，平台将不再局限于线上，而是将线上和线下完美结合，为用户提供全方位的体验。例如，线上的购物平台可以与线下的实体店进行无缝连接，为用户提供更加便捷和丰富的购物体验。

4. **强大的生态系统**

平台的价值不仅仅在于它本身，更在于它所连接的生态系统。未来的平台将围绕着一个强大的、多方参与的生态系统而发展，这个生态系统包括各种各样的合作伙伴，如供应商、分销商、开发者等，共同为用户创造价值。

5. **更大的社会责任**

随着平台的影响力不断增强，也将面临更大的社会责任。

未来的平台不仅是商业实体，更是社会的一部分，需要关心社会的公共利益，参与社会公益活动，为社会的可持续发展做出贡献。

平台的未来充满了无限的可能性和机遇，同时也面临着许多挑战，需要不断地创新和进步，为用户、合作伙伴和社会创造更大的价值。

五、实践建议

随着竞争的加剧和消费者需求的不断变化，对于企业来说，转型至平台化运作是一个非常明智的选择。然而，这样的转型不仅需要策略和技术上的创新，还需要企业具备正确的执行能力。以下是一些建议，希望能够为企业的平台化转型提供一些指导。

1. 明确转型方向

每家企业的资源、能力和市场定位都是独特的，因此在考虑平台化运作转型时，首先要明确自己的转型方向。这包括确定哪些业务和服务是最适合平台化的，以及如何利用现有的资产和能力来支持这一转型。此外，企业还需要考虑平台化运作转型与其整体战略的关系，确保两者是一致的。

2. 学习先进的理念和技术

平台化运作不仅是一个技术问题，更重要的是它代表了一种全新的商业理念。因此，企业在进行转型时，除了引入先进的技术外，还需要学习和借鉴平台型企业的成功经验。

这包括如何建立和管理一个多方参与的生态系统，如何利用数据来提高效率和创造价值，以及如何在一个开放的平台上与伙伴进行合作。

3. **建立生态合作**

在平台化运作中，生态系统的建立和管理是非常关键的。企业需要认识到，与其试图独自完成所有事情，不如与合作伙伴一起，共同为用户创造价值。这意味着企业需要与合作伙伴建立紧密的合作关系，包括供应商、分销商、开发者等，并确保这些合作伙伴都能在平台上获得公平的待遇和机会。

4. **关注用户体验**

无论是哪种商业模式，用户始终是核心。因此，在进行平台化运作转型时，企业需要确保为用户提供优质的服务和体验。这包括了解用户的真实需求，持续进行产品和服务的创新，以及确保平台的稳定性和安全性。

5. **持续创新和迭代**

平台化运作是一个持续的过程，不应该是一次性的项目。企业在进行转型时，需要持续地进行创新和迭代，不断地适应市场的变化，以满足用户和合作伙伴的新需求。

通过以上建议，希望企业能够更加顺利地进行平台化运作转型，从中获得更多的机会和价值。

六、关键要点

在探讨公司的平台化运作转型这一重要议题时，有几个核心概念和关键要点值得我们特别关注。

1. **平台化运作的内涵**

平台化运作并不仅仅意味着技术的创新或是商业模式的升级。它在本质上是一种商业模式，旨在连接不同的需求方和供给方，创建一个互利共赢、共创共享的价值生态系统。与传统的线性商业模式相比，平台化更注重的是利用先进的技术和大数据，以更高的效率连接各种资源和能力。

2. **华为的平台化之路**

华为不仅在技术产品上进行创新，更重要的是在商业模式和生态系统上进行了积极的探索和实践。华为的云服务、开发者社区，以及与各大合作伙伴构建的生态，都是其在平台化运作转型过程中的关键策略。

3. **传统企业的转型挑战与策略**

与新兴的技术企业不同，许多传统企业在面对平台化的浪潮时，可能会感到困惑和迷茫。但是，从华为的经验中，我们可以看到一些关键的转型策略，如坚持自身的核心竞争力，引入平台型企业的核心理念，以及逐步建立自己的生态系统。这不只是一场技术上的革命，更重要的是一场思维方式和商业模式的彻底变革。

4. **未来的平台趋势**

未来的平台将具有更高的数字化、智能化和实践化程度。这些平台不仅将提供更加丰富和个性化的服务，而且还会在全球范围内连接更多的用户和合作伙伴，创造前所未有的商业价值。

5. **企业的转型建议**

在平台化运作转型的道路上，企业需要有明确的方向和策略。这包括根据自身的资源和能力来确定最合适的转型方向，学习先进的技术和商业模式，以及与各方合作伙伴建立稳固的合作关系。

第二节 部门企业化

随着全球经济的高速发展和科技的飞速进步，企业面临着前所未有的挑战和机遇。在这种环境下，只有那些能够适应变化、持续创新的企业才能够立足并在激烈的市场竞争中胜出。与此同时，随着企业规模的不断扩大，其内部结构和运作方式也日益复杂化，带来了一系列的管理挑战。

当一家企业从小型或中型成长为大型或超大型企业时，它必须调整其管理策略和组织结构，以确保可以有效地运作并为股东创造价值。这种复杂性往往会导致管理上产生漏洞，效率降低，甚至可能导致利润的缩水。这不仅是管理上的问题，更是战略上的挑战，需要企业重新思考其定位、目标和运作方式。

华为，作为全球性的科技巨头和通信行业的佼佼者，对这种挑战有着深刻的理解。尽管它已经成为一家庞大的跨国公司，但依然保持着敏捷和创新的特质，这在很大程度上归功于其独特的管理策略——部门企业化。这种策略不仅是对组织结构的调整，更是对企业文化、价值观和战略目标的深度反思和重塑。

一、华为的部门企业化策略

1. 大中见小，小中寻优

华为对于企业管理的哲学核心之一就是“大中见小，小中寻优”。这种策略反映了华为对于企业内部管理的深入理解和革新思考。

在众多大型企业中，通常面临的问题是随着企业规模的扩大，整体结构变得笨重，难以对细分市场和个性化需求做出快速响应。这常常导致了资源浪费、市场机会丧失、内部竞争加剧等问题。然而，华为通过将大公司做小的策略，成功地避免了这些问题。华为将每一个部门或业务单元视为一个独立的“小公司”，使其具有独立运营的能力。

这些“小公司”不仅仅是名义上的分割，它们真正具备了独立的预算、目标和 KPI。这意味着它们能够根据自己的业务特点和市场定位进行独立决策，从而实现快速响应和高效运营。而在这个过程中，整体公司的文化和战略方针仍然是统一的，确保了各个“小公司”之间的合作和协同。

通过这种方式，华为实现了一种难以想象的平衡：在保持整体战略协同的同时，又确保了各个部门的独立性和敏捷性。这不仅增强了华为在各个细分市场中的竞争力，更为其带来了源源不断的创新动力。

在实际操作中，这种“小中寻优”的策略确保了每个“小公司”都能够关注自己的核心业务，寻找并挖掘自己的优势，从而确保整体效率和盈利能力的最大化。它鼓励每一个部门都像一个创业公司那样去思考和行动，保持对市场的敏感性、对创新的渴望，从而实现了企业长期、健康和稳定的发展。

2. **利润中心、费用中心、成本中心和投资中心**

华为在执行部门企业化的策略时，为确保清晰性和执行力，精准地将部门划分为四个中心，每个中心都有独特的定位和任务，这也代表了企业管理的四大核心要素。

（1）利润中心。如同名字所示，利润中心的主导思想和核心任务都是围绕“利润”展开。在华为的管理哲学中，这不仅仅意味着单纯地追求数字上的增长，更要在维持良好的业务质量、客户满意度的基础上，追求稳健和持续的利润增长。利润中心的团队需要在全球市场中寻找机会，制定相应的策略，执行销售计划，并不断调整和优化，以确保公司的长期盈利能力。

（2）费用中心。费用是企业运营的一部分，但华为意识到，未经监控的费用增长会对公司的健康发展造成威胁。因此，费用中心的任务是确保费用的合理性。这意味着需要不断地审查和优化各种费用，确保公司的资源得到最佳的利用，并确保每一分钱都用在刀刃上。

（3）成本中心。在竞争激烈的市场环境下，成本优势往往可以为企业带来明显的竞争优势。因此，华为的成本中心专注于不断地优化和降低生产和运营的成本，同时确保产品和服务的高质量。这涉及深入研究生产流程、采购策略、供应链管理等多个环节，确保在为用户提供最佳体验的同时，实现成本的最优化。

（4）投资中心。面对不断变化的技术和市场环境，企业需要进行长期的战略投资，以保持竞争力。华为的投资中心负责策划和执行公司的长期投资策略，确保公司始终处于技术和市场的前沿，可以快速响应市场的变化，抓住新的机会。

通过这四个中心的合作，华为能够确保各个部门明确自己的职责和目标，并且在公司的整体战略指引下，进行高效的运营。这种模式为华为提供了强大的组织能力和执行力，成为其成功的关键因素之一（如图 2 所示）。

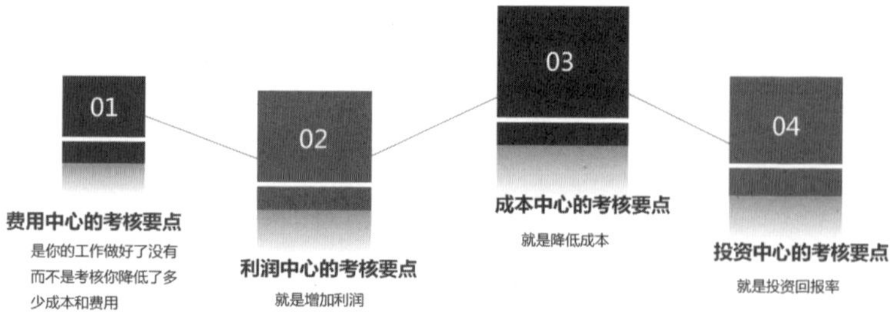

图 2　各绩效中心的考核要点

3. 华为“军团制”的战略和定位

华为“军团制”是对传统企业管理模式的一次革命性创新，旨在应对市场的快速变化和企业内部的巨大挑战。这一独特的制度设计具有深远的战略意义。

（1）应对市场变化。在快速发展的科技领域，市场的变化速度是惊人的。传统的企业管理模式可能会在这种高速变动的环境中显得笨重和滞后。而华为“军团制”，允许公司迅速集结资源、组织团队，快速响应市场变化，提供即时解决方案。这种模式赋予了华为在全球市场中迅速调整策略、夺取市场份额的能力。

（2）优化资源配置。通过“军团制”，华为能够快速地集结最优秀的人才和资源，聚焦于某一特定的问题或机会。这种方法确保了资源不被浪费，每一个员工和资产都可以被充分利用，以最大效益为公司创造价值。

（3）鼓励团队合作与创新。华为“军团”由公司内部的精英人员组成，他们被授权去独立行动，解决特定的问题。这种工作方式可以鼓励团队之间的合作和竞争，推动员工创新思维，挑战现状，并在短时间内达成目标。

（4）培养企业文化。“军团制”在华为内部形成了一种特殊的文化。员工知道，如果能够展现出色的能力和贡献，将有机会被选入这些精英团队。这种竞争机制鼓励了员工追求卓越、持续学习和成长。

（5）加强战略执行力。有了清晰的目标和强大的团队，华为能够确保其战略被快速和有效地执行。这使得公司能够在竞争激烈的市场中快速获得成功，实现长期的战略目标。

通过“军团制”，华为成功地打破了传统的组织结构和资源配置方式，为其在全球市场中的领先地位提供了强大的支撑。

4.**“军团制”的战略意义**

华为的“军团制”并非仅是一种组织结构的调整，而是反映了华为对于未来市场、技术、人才和全球化等方面的战略洞察。这种模式为华为赢得了独特的市场优势，而背后的意义更是值得所有企业家和管理者深入探讨。

（1）驱动创新与变革。传统的企业结构在面对外部挑战时往往反应迟钝，难以及时做出调整，而华为可以迅速地做出调整，以适应市场的变化。这种模式推动了内部的创新机制，激励团队去探索、尝试新的方法，使企业始终处于行业的前沿。

（2）突破资源局限。传统的资源配置模式往往受到固定的组织结构和预算制度的限制。而华为的“军团制”打破了这种局限，允许最优资源迅速集结，为关键的战略目标服务。

（3）增强员工归属感。成为“军团”的成员意味着更高的信任、更大的责任和更为明确的目标。这种组织方式增强了员工的归属感，激励他们为公司的目标全身心地付出。

（4）强化竞争力。面对全球化的竞争，企业必须具备快速反应的能力。“军团制”为华为提供了这种能力，使其能够在全球市场中快速调整战略，对抗竞争对手。

（5）提高战略执行效率。清晰的目标、高效的团队和灵活的资源配置，这三者的结合使得华为的战略得到了高效的执行。这不仅加快了华为在市场中的行动速度，而且确保了战略目标的实现。

（6）培育未来领导者。“军团制”下的团队经常面临复杂的挑战，这为员工提供了锻炼和成长的机会。通过这种方式，华为不断地培育和选拔出新一代的领导者，为公司的未来发展打下坚实的基础。

总结，华为的“军团制”不仅为公司赢得了市场优势，更为其在全球化、技术创新和人才培养等关键领域内树立了新的标杆。这种战略视角下的组织变革为所有追求卓越的企业提供了宝贵的参考。

二、实践建议

在现代企业管理中，部门企业化已经不再是一个新鲜的概念。但是，如何真正将这一概念落地并产生实效，是许多企业都在思考的问题。鉴于华为的成功经验，以下是对其他企业的一些建议：

1. 部门独立核算

（1）明确核算对象。首先，企业应明确哪些部门或项目组适合实行独立核算。不是所有部门都适合这样操作，关键在于选对对象。

（2）建立合理的核算制度。部门的独立核算需要一个明确且合理的制度来支持，从成本、收入到盈利，都应该有清晰的计算标准。

（3）强化责任意识。独立核算的背后，是对部门的责任和权利的重新定义。部门领导和团队成员都应该明确自己的职责，并为此承担责任。

2. **强调部门的职责和目标**

（1）制定明确的目标。每个部门的职责和目标都应当明确并与企业总体战略相一致。

（2）进行定期评估。为了确保部门的目标得以实现，企业应该定期进行目标完成度的评估，并根据结果进行调整。

（3）激励机制。设定与目标完成度相关的奖惩制度，进一步推动部门目标的实现。

3. **创新组织结构**

（1）打破传统。不必拘泥于传统的组织结构和管理模式，尝试新的组织结构，如“军团制”、矩阵管理等。

（2）多元化管理。在不同的市场环境、业务领域或项目中，可以尝试采用不同的管理模式和组织结构。

（3）持续学习与迭代。保持开放的心态，不断地学习、尝试并根据实际效果进行调整。

4. **培养和引入适合的人才**

（1）重视内部培训。企业应建立完善的内部培训体系，不断提高员工的业务能力和管理水平。

（2）招引外部人才。在某些关键领域，企业还可以通过引入外部专家或与高校合作，进一步增强团队的能力。

部门企业化并不是一个简单的复制和粘贴的过程。每家企业都需要根据自身的实际情况进行调整和优化，确保这一策略真正产生效果。

三、关键要点与深入解读

部门企业化，作为现代企业管理的一种策略，是各大企业在全球化、网络化的环境中持续优化组织结构和管理模式的产物。与传统的企业管理模式有所不同，它更加强调灵活性、自主性和责任心。在这其中，华为无疑是最成功的案例之一。为了更好地理解这一策略，我们深入地解读以下几个关键要点。

1. 华为部门企业化的核心思想

（1）目标导向。华为始终强调部门企业化的核心是达到企业的最终目标，无论是提高效率、盈利能力还是市场份额。

（2）资源优化。通过部门企业化，企业可以更加合理地分配和利用资源，确保每一个部门都能够充分发挥其潜力。

（3）快速响应。在面对市场变化时，企业能够更快速地做出决策和调整，提高市场响应速度。

2. 部门企业化的实际效果

（1）提高效率。每个部门都作为一个独立的单位，拥有自己的决策权，能够更快速地响应市场变化，从而提高整体效率。

（2）激发创新。部门企业化为员工提供了更多的自主权，激发了他们的创新精神和工作热情。

（3）强化责任心。部门作为独立的利润中心，员工对自己的工作成果更加负责，这也进一步提高了工作效率。

3．如何在其他企业中实施部门企业化

（1）不拘一格。不是每家企业都适合模仿华为的部门企业化策略，而应该根据自己的实际情况进行调整。

（2）人才培训。部门企业化需要企业中的每个员工都具备一定的管理能力和责任感，这需要对员工进行相应的培训。

（3）持续优化。部门企业化并不是一蹴而就的，企业需要不断地对其进行优化和完善，确保策略的有效性。

部门企业化，作为一个经过时间考验的企业管理策略，已经在众多的企业中产生了显著的效果。然而，任何策略的成功实施都需要企业有足够的决心和耐心，持续地学习和优化，确保策略真正发挥应有的作用。

第三节 员工创客化

在现代企业文化中，员工的角色和地位已经发生了深刻的变化。传统的管理模式往往将员工视为执行者，而现代企业更倾向于将员工视为合作伙伴或创作者。华为早已意识到员工的潜在价值，并积极推动员工创客化的策略。

一、现代企业文化中的员工角色变化

随着科技的迅速发展和全球经济的互联网化，现代企业面临的挑战与机遇日益增多。在这样的大背景下，企业的成功与否很大程度上取决于员工。员工不仅是企业的执行力量，还是企业的创新源泉和竞争力量。因此，对员工的定位和管理方法也发生了重大变革。

在过去，尤其是工业化初期，员工往往被视为“工具”，他们的主要职责是执行上级的命令，完成规定的工作。这种管理模式有其历史背景和时代原因，但往往忽视了员工的情感、需求和潜能，导致员工的积极性和创造性大大降低。

随着知识经济的崛起，人力资源开始被认为是企业最宝贵的资产之一。现代企业意识到，员工不仅是执行者，更是企业的合作伙伴、创作者和创新者。他们的思维、技能和情感直接影响到企业的效率、创新力和竞争力。因此，如何激发员工的潜能，提高员工的满意度和忠诚度，成为现代企业最关心的重要问题之一。

华为是这种转变的典型代表。作为全球领先的技术公司，华为早已认识到员工的潜在价值，并将其视为公司的核心竞争力。通过推动员工创客化的策略，华为不仅提高了员工的积极性和满意度，还促进了公司的创新和发展。

现代企业文化中的员工角色变化反映了企业对人力资源的重新认识和重视。员工从被动的执行者转变为主动的合作伙伴和创作者，这无疑为企业带来了巨大的机遇，也带来了新的挑战（如图 3 所示）。

图 3　什么叫企业文化

二、四种员工类型及其影响

企业的成功不仅取决于策略、资源和市场定位，还深受员工类型的影响。每个员工都有其独特的性格、动机和工作态度，这决定了他们对企业的贡献和影响。以下是四种常见的员工类型及其对企业的潜在影响。

1. 打工者

这种员工往往缺乏责任感和动力。他们工作仅仅是为了拿工资，而不是为了实现个人和企业的共同目标。

虽然打工者可以完成基本的任务，但缺乏主动性和创造性。长期依赖这种员工可能导致企业创新力的下降和竞争力的丧失。

2. **“企业蛀虫”**

这种员工会滥用公司资源以谋取私利。他们可能通过各种方式损害公司的利益，如泄露商业机密、偷窃公司资产等。

“企业蛀虫”型的员工不仅直接损害公司的经济利益，还可能破坏团队和谐、降低员工士气。如果不及时发现和处理，这种员工可能会对公司的长期发展造成严重威胁。

3. **“傻白甜”**

这种员工有着良好的意愿，但缺乏正确的方向和策略。他们常常用心工作，但效果不佳，可能会在低效的项目上浪费大量资源。

“傻白甜”型的员工可能会因为不断的失败而感到沮丧和挫败。长期下去，可能会让他们丧失自信心和工作动力。同时，如果企业管理不当，可能会导致资源的浪费和项目的失败。

4. **经营者**

这是最理想的员工类型。他们对工作充满热情，有高度的责任感，并能有效地使用资源推动公司发展。

经营者是企业的核心力量，他们不仅可以带动团队前进，还能为公司创造巨大的价值。对于这种员工，企业应该给予足够的关注和支持，确保充分发挥他们的潜能。

不同的员工类型对企业的影响是多方面的。企业应该学会识别不同的员工类型，并采取相应的管理策略，确保每个员工都能为企业创造价值。

三、员工的经营意识及华为的实践

企业的发展，在很大程度上取决于员工的经营意识。经营意识并不只是高层管理人员所需的素质，每个员工都应具备。经营意识意味着员工不仅是执行者，更是公司的合伙人和价值创造者。

1. 什么是经营意识

经营意识首先是对企业的使命、愿景和目标有深入的理解和认同。它还包括员工对其在组织中的清晰认识，明白自己的工作如何与整个企业的策略和目标相结合。员工不仅要对自己的工作负责，还要思考如何优化流程、提高效率和创造更多的价值。

2. 华为如何培养员工的经营意识

培训和教育。华为定期为员工提供各种培训，涵盖业务知识、市场分析、领导力和团队合作等多个领域。这些培训旨在增强员工的综合能力，帮助他们更好地为企业创造价值。

挑战与机会。华为为员工提供了各种挑战和机会，鼓励他们跳出舒适区，尝试新的事物，并发挥创新精神。这些挑战旨在培养员工的经营意识和解决问题的能力。

绩效与回馈。华为有着完善的绩效评估系统，确保每个员工的努力都能得到公平的回报。此外，华为还制定了各种奖励机制，以激励员工持续提高自我并为公司创造更多的价值。

华为成功地培养了一大批具有高度经营意识的员工。这些员工不仅为公司创造了巨大的经济价值，还帮助公司在全球市场上取得了领先地位。他们是华为企业文化的最好代表，证明了经营意识的重要性和价值。

三、从“做别人的事”到“做自己的事”——华为员工的转变

在传统企业中，员工常常被视为执行高层决策的工具，他们的工作主要是“做别人的事”。但在华为，则一直鼓励员工从“做别人的事”转变为“做自己的事”。这一转变对于员工的工作态度、企业文化和组织的整体发展具有深远的影响。

1. 什么是“做自己的事”

“做自己的事”意味着员工对自己的工作充满主动性和积极性。他们不再是被动地执行命令，而是主动地参与决策，承担责任，寻找创新和改进的机会。员工开始视公司的发展为自己的事，对公司的成功和失败都有深厚的情感投入。

2. 华为如何鼓励员工“做自己的事”

（1）参与决策。华为鼓励员工参与公司的各种决策过

程，无论是大的策略方向，还是小的工作细节。通过参与决策，员工可以更好地了解公司的整体战略和方向，同时也能为公司提供宝贵的建议和意见。

（2）责任与奖励。在华为，员工的权利与责任是相互对应的。当员工为公司做出重大贡献时，会得到相应的奖励和表彰；相反，当员工犯错误或疏忽职责时，也需要为此承担责任。

（3）文化引导。华为通过各种活动和培训，强化了“做自己的事”的企业文化。员工在这种文化的影响下，更加愿意为公司付出努力，追求卓越。

3. **这种转变带来了哪些效果**

随着员工逐渐从“做别人的事”转向“做自己的事”，华为的整体效率和创新能力都得到了显著提高，员工的满意度和忠诚度也有了明显的增长，他们愿意为公司的发展付出更多的努力。

四、实践建议：如何实现员工创客化

要想实现员工创客化，仅仅提供理念是远远不够的，还需要有明确的行动方案和策略。以下是几点实践建议，供各类企业参考和应用。

1. **培训和教育：构建长效机制**

（1）系统化培训。定期为员工提供有关创新、领导力、决策制定等方面的培训，帮助他们提高专业技能，增强经营意识。

（2）在线学习资源。利用现代技术手段，为员工提供在线学习资源，让他们可以随时随地获得知识和信息，满足自我提升的需求。

（3）内部分享会。鼓励员工之间的知识和经验分享，通过定期的内部分享会，提高团队的整体能力和凝聚力。

2. 员工参与决策：激发归属感

（1）开放式会议。组织定期的开放式会议，让员工能够直接与高层管理层沟通，表达自己的意见和建议。

（2）反馈机制。建立一个有效的反馈机制，确保员工的声音被听到，并对其给予适当的回应。

（3）项目小组。鼓励员工组成跨部门的项目小组，进行自主研究或开发。这种方式可以帮助员工实践自己的创新想法，同时也能增强团队合作能力。

3. 公平的激励机制：奖励与惩罚并存

（1）业绩评估。定期对员工的业绩进行评估，确保每个人的努力都得到了公平的回报。

（2）股权激励。为员工提供股权激励计划，让他们真正感受到自己是公司的一部分，与公司的发展息息相关。

（3）扁平化管理。实施扁平化管理，减少不必要的层级，让员工能够更快地得到晋升和认可，同时也能提高决策效率。

五、关键要点：塑造现代企业文化中的员工角色

在21世纪的企业环境中，员工的角色正在经历重大转变。以下是对此转变的核心概念进行总结的关键要点。

1. **重视员工价值**

价值认知：员工不再只是简单的任务执行者，他们具备为公司带来增长和价值的潜能。企业成长来自员工的贡献，因此对员工的真正价值的认知是至关重要的。

双向互动：建立一个双向沟通的渠道，确保员工能够分享自己的观点，同时也能听到公司对他们的期望和反馈。

2. **通过培训和激励促进员工成长**

成长路径：确保每个员工都明确自己的成长路径。提供具体的培训计划和激励措施，以帮助他们在这条路径上持续前进。

反馈文化：鼓励员工提供反馈，无论是关于他们的工作，还是关于公司的运营。这种文化鼓励了开放性、透明性和持续的学习。

3. **创新、冒险和自主决策的企业文化**

（1）尊重创新。鼓励员工提出新的想法和解决方案，不要因为害怕失败而压制自己的创新精神。

（2）冒险精神。允许员工在安全的环境中冒险，这样可以让他们尝试新的方法和策略，从而为公司带来更大的价值。

（3）自主决策。员工应该在其职责范围内拥有自主决策

的权利，这不仅能提高员工的工作效率，还能增强员工的责任感和归属感。

第四节 管理经营化

一、管理经营化的背景和引入

在传统的企业管理模式中，管理和经营往往被视为两个独立的领域。管理的核心是为企业建立一个稳固的基础，涉及决策、规划、组织、领导和控制等方面，其目的是确保企业资源的有效利用，维持组织内部的稳定和和谐。而经营，需要更多地关注于外部环境，主要涉及市场开拓、产品推广和销售等活动，其目标是使企业的市场份额和利润最大化。

但是，随着全球化的步伐加快和商业环境的快速变化，企业面临着前所未有的挑战。这些挑战来源于各方面，例如技术的迅速进步、消费者行为的变化、新兴市场的崛起以及竞争对手的策略调整。这使得单纯依赖传统的管理方法或经营策略变得不再适用。

这一现象在高科技行业、消费品行业和服务行业中尤为明显。企业只有把管理和经营完美结合，才能更好地应对这些挑战，并在竞争中获得优势。单独的管理决策或经营策略无法满足当前快速变化的商业环境。此外，为了更好地满足市场和客户的需求，企业需要更为灵活并且做到响应迅速。

因此，管理和经营之间的这种结合不仅是在决策层面，更是在文化、思维方式和战略执行层面。管理者需要具备经营的敏感性，而经营者则需要理解管理的深层次原则和理念。

二、华为作为管理和经营模式的典范介绍

华为成功的背后是对传统管理与经营模式的深入剖析和大胆创新。

自创立之初，华为即面临着激烈的市场竞争和技术日新月异的挑战。这些外部因素逼迫华为不断寻找更高效、更灵活的管理和经营模式。华为深知，单一的管理模式或经营方法无法适应复杂多变的市场环境，因此，华为开始探索如何更好地结合两者。

华为认为，要想让管理者从传统的管理思维转变为经营思维，最关键的是为他们创造一个既有权力又有责任的环境。只有当管理者对自己所管理的业务有足够的责任感时，他们才会更注重经营，才更能够站在市场的角度思考问题。这不仅可以激发管理者的积极性和创造性，而且可以使企业更快速、更准确地响应市场的变化，从而更好地满足市场和用户的需求。

华为的这一管理经营理念在其组织架构和制度设计中得到了充分体现。例如，华为将传统的职能部门转化为类似小公司的“军团”，这些“军团”在华为总部的指导下，具有

相对的决策权和经营自主性。这种制度设计使得各个“军团”能够根据自己的业务特点和市场需求进行快速决策和响应，同时也确保了华为的整体战略和方向得以贯彻和实施。

但华为也清楚地意识到，权力和自由必须与责任和约束相结合。因此，华为在给予“军团”更多权力的同时，也强化了对其的监督和指导，确保“军团”能够在自由经营的基础上，坚决执行华为的总体战略和目标。

三、“军团”的组织形式解析

当谈到华为的组织形式时，我们不能不提及其独特的“军团制”。这种结构的诞生，既是华为对经营管理模式的一次大胆创新，也是对传统组织结构的一次重大突破。

1. **背景与诞生**

传统的企业组织结构，往往以层级制为主，其目的是确保上层决策的快速下达和执行。然而，随着市场环境的复杂化，这种模式逐渐显示出其局限性。华为深知，要想在全球市场上持续竞争，就必须赋予前线的业务单位更多的自主权和决策权。

因此，“军团制”应运而生。不同于传统的部门或事业部，“军团”更像是一个半独立的小公司。这意味着它们拥有更多的经营自主权和决策权，可以快速响应市场变化，实现业务的快速增长。

2. **特点与优势**

一方面，“军团制”的最大特点就是其半独立性。这种半独立性不仅体现在经营决策上，还体现在资源配置、人员管理等各个方面。“军团”可以根据自己的业务特性和市场需求，自主决策、快速行动。

另一方面，“军团制”并不是完全独立的。在华为总部的指导和监督下，每个“军团”都必须确保自己的业务方向与公司的整体战略保持一致。这种结构既确保了“军团”的灵活性和响应速度，又确保了公司的整体目标和战略的稳定性。

“军团制”还有一个显著的优势，那就是它能够激发员工的主人翁精神。在“军团”这种小规模、高度自主的环境中，每个员工都能深切感受到自己对公司业绩的直接影响，从而更加积极和努力工作。

3. **挑战与应对**

然而，“军团制”并不是没有挑战。最大的挑战就是如何确保各个半独立的“军团”之间能够有效地协调和合作，避免资源的重复投入和低效利用。为此，华为在实施“军团制”的同时，还建立了一套完善的制度和机制，确保各个“军团”之间能够有效地共享资源、交流信息、合作创新。

四、“军团”的关键角色详解

在华为的“军团制”管理模式下，各个角色的定义尤为关键，因为它们确保了整体策略的实施和各个部门之间的协调。以下是对这些关键角色的深入分析。

1. BG（Business Group，**业务群**）CEO

BG CEO 是“军团”的最高领导，他（或她）负责整个“军团”的战略规划、方向设定以及高层管理，确保“军团”的战略方向与华为的整体战略相一致，并对其进行持续的监控和调整。

BG CEO 是连接“军团”与总部的关键桥梁，他们不仅需要具备有深厚的行业知识，还需具有卓越的领导力和协调能力。

2. BG CFO

BG CFO 主管“军团”的所有财务活动，包括预算编制、费用管理、经营预测与分析等，必须确保“军团”的财务健康，并提供关键的财务数据，以支持“军团”的策略决策。

在快速变化的市场环境中，BG CFO 不仅要保持财务的稳定，还需要具备前瞻性，以确保“军团”在资源配置上的高效性和优越性。

3. BG COO

BG COO 负责“军团”的日常运营，包括生产、采购、市场推广、服务等方面，需要确保“军团”的操作效率、客户满意度和供应链的顺畅。

作为“军团”的执行者，BG COO 需要确保“军团”的策略得到有效实施，并为员工提供明确的方向和支持。

4. BG Controller

BG Controller 作为华为总部的代表，要在“军团”内部确保财务和策略的一致性。他们参与高层管理会议，为总部提供“军团”的实时数据，并确保“军团”的行动与总部的策略和规定保持一致。

在保持“军团”自主性的同时，BG Controller 确保了整体的策略一致性，在“军团”和总部之间建立了有效的沟通桥梁。

5. **BG 监管副总裁**

BG 监管副总裁负责对“军团”进行风险管理和合规审查，确保“军团”遵循公司的价值观、原则和政策。

当下，合规和风险管理变得至关重要。BG 监管副总裁确保“军团”在追求业务增长的同时，不会损害公司的长期声誉和稳定。

五、“军团制”的实践与推广建议

随着企业规模的增长和市场环境的复杂化，传统的中央集权式管理模式已不再适用。华为的“军团制”创造了一种新的组织和管理方式，但也需要根据不同的企业环境和文化进行调整和应用。以下是一些建议和实践经验。

1. **权力与责任并行**

在赋予部门或事业部更大的决策权和经营自主权时，也需要明确其对应的责任。部门应该明白，获得更多权力的同时也意味着承担更大的责任。

许多成功实施“军团制”的企业都强调，权力和责任是不可分割的。当部门获得了更多的自主权时，也更容易对其决策产生的结果负责。

2. **保持与总部的沟通和协调**

即使部门获得了相对独立的权力，也需要定期与总部进行沟通和协调，以确保其行动与公司的整体策略和方向保持一致。

那些能够与总部保持紧密沟通的部门，往往能更好地理解公司的整体目标和战略，从而做出更为明智和符合公司利益的决策。

3. **促进跨部门合作**

在“军团制”下，不同的部门或“军团”会拥有各自的资源和优势。企业应该鼓励这些部门之间的合作和资源共享，以达到 1+1>2 的效果。

跨部门的合作可以促进知识和资源的互补，从而提高整体的效率和创新能力。

4. **持续培训和发展**

随着部门获得更多的决策权，员工需要具备更多的知识和技能来应对复杂的业务环境。企业应该为员工提供持续的培训和发展机会，以确保他们能够胜任自己的岗位职责。

那些重视员工发展的企业，往往能够更好地吸引和留住人才，从而保证其在激烈的市场竞争中处于领先地位。

六、“军团制”中的关键要点总结

“军团制”作为一个相对新颖的组织和管理模型，在过去的实践中已经显示出了其独特的优势。为了更好地理解和应用这种模型，我们需要对其关键要点进行总结和梳理。

1. **平衡中央与地方的关系**

“军团制”在设计时就考虑了如何平衡总部与子公司之间的关系。这种平衡确保了总部可以集中管理和协调，而子公司或部门则可以根据自身情况进行灵活应对。

2. **权力与责任并存**

如前所述，权力和责任是“军团制”的两个核心概念。只有当两者并存时，企业才能确保其部门在获得更多权力的同时，也能够对自己的决策和行动负责。

3. **确保透明度和沟通**

在“军团制”下，各个部门或“军团”需要进行大量的自主决策。为了确保这些决策与公司的整体策略和方向保持一致，需要建立透明的信息和沟通机制。

4. **保持战略的连贯性**

虽然“军团制”赋予了部门更大的自主权，但并不意味着它们可以随意做出决策。相反，所有的决策都需要与公司的整体战略和目标保持连贯性。

5. **加强文化建设**

“军团制”需要企业文化的支持。这意味着企业需要培养一种鼓励自主、创新和合作的文化，从而确保“军团制”能够顺利运行。

6. 持续监测和调整

与所有的管理模型一样，“军团制”也需要根据实际情况进行调整。企业应该定期对其进行监测，找出存在的问题，并根据这些问题进行必要的调整。

七、“军团制”对其他企业的启示

华为的“军团制”给全球的企业界带来了许多宝贵的启示，不仅在技术创新上，而且在管理创新上也树立了标杆。对于希望优化组织结构、提高管理效率的企业，可以从以下几个方面汲取“军团制”的经验。

1. 自主性与协同性的平衡

在现代企业管理中，如何在各个部门或事业部之间保持合作，同时又给予它们足够的自主权，这对企业管理者来说是一个挑战。华为的“军团制”提供了一个有效的答案：在大的框架下给予部门自主权，同时通过明确的角色和职责设定来确保协同。

2. 面对市场的灵活性

随着商业环境的不断变化，企业需要快速适应并响应市场的变化。“军团制”下的部门，由于其相对独立性，能够更快地调整策略和方向，从而更好地满足市场需求。

3. 强化领导团队的责任心

当部门获得更大的权力时，其领导团队的责任也会相应增加。这促使他们更加注重团队建设、目标设定和资源配置，从而提高管理效率。

4. 提升员工的参与度

在“军团制”下，员工更加接近决策层，他们的意见和建议更容易被上层领导听到。这不仅提高了员工的满意度，还促进了企业内部的创新。

5. 强化企业文化的传承

虽然“军团制”给予了部门较大的自主权，但企业的核心价值观和文化仍然需要得到传承和弘扬。这需要企业在制度、培训和沟通等方面进行持续投入。

第五节 经营理念化

“经营理念”，这四个字背后蕴含着一家企业的灵魂和指南针。在当代企业管理中，经营理念已然成了成功企业背后不可或缺的关键因素。一个明确而系统的经营理念，不仅代表了企业的价值观、使命，而且在很大程度上决定了企业每一个决策和行动的方向。这不仅是一个战略指引，更是构建企业文化、团队凝聚力的基石。

华为，在全球范围内几乎家喻户晓。它的成功并非偶然，其经营理念在其中起到了至关重要的作用。作为全球领先的技术公司，华为深刻理解了一个坚固的经营理念对于企业发展的根本意义。这就是为何华为会制定《华为基本法》这一核心文献，意在将公司的经营理念系统化、体系化，让每个员工都明确知道公司的目标、方向和价值观。

当今的市场环境日趋复杂，竞争越来越激烈，只有拥有坚实的经营理念，企业才能在浩浩荡荡的商业洪流中破浪前行，找到自己的北斗星，坚定地走向成功的彼岸。华为的经验为我们提供了一个宝贵的借鉴：明确的目标，正确的价值观，再加上团队的共鸣，构成了企业发展的“三位一体”的动力源。

一、企业对管理的系统性思考

在企业的发展道路上，管理永远是一个核心话题。无论企业规模大小，不断地学习、优化、创新管理方法都是持续成功的关键。更重要的是，企业管理不应仅仅是经验的积累和反复的实践，更应该有系统、有方法、有策略地进行。

华为十分重视对企业管理的系统性思考。任正非，华为的创始人和领导者，用其前瞻的眼光和深厚的积累，为华为制定了一套具有前瞻性和策略性的管理哲学。他曾经说过：“如何将我们10年宝贵而痛苦的积累与探索，吸收业界最佳的思想与方法后，再提升一步，成为指导我们前进的理论，以免陷入经验主义，这是我们制定公司基本法的基本立场。”这句话反映了他对经验主义的警惕。他深知，在快速发展的技术产业中，单纯依赖经验可能会导致公司发展滞后。只有系统化、体系化的管理思想，才能确保企业在快速发展的过程中始终保持正确的方向，避免重复前人的错误，走出一条属于自己的独特之路。

此外，《华为基本法》并不仅仅是一部理论性的文档，更是活生生的实践指南。它不只提供了关于如何管理企业的指导原则，更在实际操作中强调了规则的重要性。为什么要如此重视规则？因为任正非深知，一套合理而又严谨的规则，比频繁地批评和指正员工的行为更加有效。这样，企业可以建立起一套公正、公开、公平的体系，确保每一个成员都能在一个健康、和谐的环境中成长。

二、直指企业发展目标，形成内部心理契约

企业文化和理念的传递不仅仅是通过文字和语言，更多的是通过心与心的契合。一家成功的企业往往能够确保每一个员工都理解、认同企业的愿景、使命和目标，并为之付出努力。这种默契不是一蹴而就的，而是需要时间、努力和策略去培育的。

《华为基本法》为华为创造了一个共识的环境，这不仅是一份文件，更是华为员工共同遵守的“约定”。每个加入华为的员工，都会接触到这份基本法，并深入理解其内容。

因此，它不仅是一部管理大纲，更是华为员工心中的“心灵手册”。

任正非曾经指出：“华为要走得更远，不能只靠一两个人的力量，需要全体员工的合力。”为此，他希望每一个员工都深入研究《华为基本法》，理解公司的共同理念、发展思路、使命和价值观。当每个员工都能对这份基本法产生共鸣，都能从中找到自己的位置和价值，华为就拥有了强大的内部驱动力，这种力量可以助推企业突破各种困难，走向更远的未来。

此外，内部心理契约的形成，不仅是为了让员工与企业的目标一致，更是为了让员工感受到企业的关心和回馈。任正非希望，通过群策群力，让每个员工都能在华为找到属于自己的舞台，为华为的未来发展做出共同承诺，并从中获得应有的回报和成长。

三、突出管理重点，确定发展路径

在广阔的商业海洋中，企业如果没有明确的方向和目标，就容易迷失。但是，如果企业能够明确其管理的重点，便能像灯塔一样，照亮前行的路，为企业指明方向。

华为在《华为基本法》中，非常明确地划定了工作重点，如始终以客户为中心、聚焦主航道、不断培养领导干部等，都是华为想要实现的核心目标。

以客户为中心是华为的永恒追求。任正非非常明确地指出："无论华为发展到哪个阶段，我们始终不能忘记客户是我们的根本。"这样的管理重点，使得华为在每一次的决策和行动中，都会首先考虑到客户的需求和满意度，从而确保其产品和服务始终处于行业领先地位。

此外，聚焦主航道是华为的另一个关键。在技术日新月异的时代，许多企业容易被临时的成功或趋势所迷惑，从而偏离了自己的主要发展方向。而华为却始终坚守自己的主航道，即信息和通信技术，确保在这一领域始终保持技术和市场的领先。

再者，干部培养也是华为管理的另一个重点。任正非认为，一家企业的成功不仅仅依赖于其技术和市场，更重要的是它的人才。因此，华为投入大量的资源对干部进行培训，确保有足够的领导力量来指导企业的未来发展。

华为通过明确的管理重点，成功地确定了自己的发展路径，这使得它在竞争激烈的市场中，能够快速、稳健地前行。

四、规章制度与部门职能的指引

规章制度与部门职能是企业良好运营的两大支柱，这两者相互依赖，共同构建企业的基石。对于任何规模的企业，特别是大型的跨国公司，确保这两者高效、协同地运作显得尤为关键。

首先，明确的规章制度是企业健康运营的前提。一种完备、严密的制度体系，可以确保企业在复杂的商业环境中始终如一，保持稳定。《华为基本法》为此提供了模范范例。它为各个业务环节、部门职能设定了明确的标准和操作指引，使得华为在全球各地的分支机构都能确保一致的工作标准与品质。

然而，仅仅拥有完备的规章制度还不足以确保企业的高效运营。这些制度还需要得到员工的广泛接受和认同。这时，部门的职能与角色就显得尤为重要。部门职能明确，意味着每个部门、每个团队，甚至每个员工都清楚自己的工作职责和范围，避免了冗余和资源浪费；同时，部门间的合作和沟通也变得更加流畅。

因此，华为不仅在《华为基本法》中明确了各个部门的职责和任务，还建立了一套完善的沟通机制和培训体系，确保每一个员工都能深入理解并执行公司的规章制度。这不仅增强了企业内部的协同效应，还提高了整体的工作效率。

在华为的成功案例中，我们可以看到一家强大的企业是如何通过对规章制度与部门职能进行强力指引，从而确保自己始终保持在正确的发展轨道上。这也为其他希望实现稳健、快速发展的企业提供了有力的启示。

五、经营理念的总结

经营理念，这一企业的核心信仰已经深入现代企业的骨髓中，指引着其发展的航标。在经济全球化、科技日新月异的时代，一家企业要想立足并持续发展，就必须建立并坚持一种明确、有力的经营理念。

华为，作为企业的典范，其经营理念的深化和坚持为我们提供了宝贵的启示。首先，经营理念不仅仅是一句口号或是一段宣言，它需要被真正地内化到企业的各个层面，从高层管理者到普通员工，每个人都要真正理解、接受并为之行动。《华为基本法》的存在，正是对经营理念的具体化、制度化的体现。

其次，经营理念的确定不应是盲目的、随意的。它需要基于企业的实际情况、市场环境、未来发展目标等多方面因素进行深入的研究和分析。华为的经营理念，如始终以客户为中心、聚焦主航道等，都是基于长期的市场实践和经验积累而来，具有强烈的时代性和针对性。

再次，经营理念还需要与时俱进。市场环境、消费者需求、技术手段等都在不断变化，故步自封的经营理念会让企业失去竞争力。华为之所以能够在全球通信市场上占据重要位置，一个关键因素就是其经营理念的不断刷新和优化。

最后，经营理念的成功，还需要企业的文化支持。有活力、开放、包容的企业文化可以确保经营理念的快速传播，为企业的长远发展打下坚实的基础。

经营理念是企业发展的罗盘，指引着前进的方向。只有明确、系统的经营理念，结合企业的实际情况和未来发展，才能确保企业在激烈的市场竞争中始终保持竞争力，走向成功。

六、实践建议

想要确保经营理念真正起到指导企业的作用，只有理论是不够的，还需要在实践中不断地检验和完善。以下是基于华为的实践经验，为各企业提供的一些建议。

1. **体系化思考**

在企业的发展过程中，随着规模的扩大、业务的多元化，管理变得更加复杂。因此，企业需要将多年的经验与业界最佳实践整合，形成一套系统化、结构化的管理思维。体系化的思考能帮助企业看清整体的情况，避免因局部的考虑而导致整体的失策。

2. **建立企业心理契约**

明确的使命和价值观是员工与企业之间的心理契约。它不仅指引员工的行为，更能培育出对企业有深厚感情的团队。当每个员工都理解、接受并行动于这一契约之下时，企业的团队协作能力就会大大增强。

3. **明确管理重点**

企业的资源总是有限的，因此必须明确管理的重点。这需要企业在战略规划时，就明确其主要的管理重点，并确保所有员工的工作都是围绕这些重点进行。这样可以避免资源的浪费，确保企业的发展方向始终与战略目标一致。

4. **强化规章制度**

规章制度是实现经营理念的具体手段。规章制度不仅要明确，还要确保易于执行，与企业文化相匹配。只有当所有部门和员工都遵循同一套规章制度时，企业的运作才会更加顺畅。

七、关键要点

成功的企业管理不仅要有明确的经营理念，还需要明确的操作步骤和具体应用。从华为的实践来看，以下是几个关键要点及其在实际工作中的应用。

1. **体系化的管理思维**

华为在全球范围内建立了统一的研发、生产和销售体系，确保各个业务部门之间的高效协同。且华为的产品和服务都有着一致的标准和质量。

2. **企业的使命和价值观**

华为的使命是“为全球人民带来数字世界的普惠”。这一使命在华为的每一项产品和服务中都得到了体现，不仅提供了高质量的技术产品，还确保了技术的民主化和普及。

3. **明确的管理重点**

华为每年都会投入大量资金用于技术研究与开发，确保自己始终处于技术前沿。此外，对于客户服务也有着严格的要求，无论是前期的技术咨询还是后期的售后支持，都要确保高效和满意。

4. **强有力的规章制度**

华为建立了一套完整的人力资源管理制度，从招聘、培训、考核到晋升都有着明确的规定和标准。这不仅保证了员工的权益，还确保了企业的长远发展。

第六节 理念愿景化

在现代商业领域，企业不再只是盈利的机器，它有思想、文化和信仰。企业的成长和发展不仅仅是为了追求更高的收入和利润，更多的是为了实现某种深远的愿景或理想。这种愿景或理想往往来源于创始人的初心，是整个企业文化的核心，代表了公司的使命和价值观。员工和管理层共同追求这个愿景，激励他们赋予自己的工作更多的意义和价值，也帮助他们在困境中找到前进的动力。对于外部的客户和合作伙伴来说，清晰、有吸引力的企业愿景也是强大的黏合剂，能够增加他们对企业的信任和忠诚度。

而说到企业愿景，我们不得不提及华为。华为在三十年的发展过程中，其愿景经历了多次变迁，但始终围绕着为客户创造价值和推动行业进步。每一家阶段的愿景都代表了华为在那个时期的战略重点和市场定位。

一、企业愿景的重要性

企业愿景可以视为企业的北极星，它为组织提供了方向，并在各种业务决策中发挥着关键作用。每一家成功的企业背后，往往都有一个明确、引人入胜的愿景。这个愿景既是对未来的展望，也是对过去与现在的回顾和总结。

首先，企业愿景的核心作用在于指引方向。在企业的发展过程中，经常会遇到各种选择和决策的交叉口，这时，一个清晰的愿景可以帮助企业更好地确定方向，确保每一步都朝着最终的目标迈进。而对于员工来说，一个明确的企业愿景不仅可以激励他们，还可以赋予他们方向感，使他们明白自己的每一次努力都是为了实现这个更大的目标。

其次，企业愿景对塑造企业文化起到了关键作用。当企业愿景与其文化相一致时，会在无形中塑造员工的行为和决策。员工会自然而然地按照这个愿景去行动，形成一种特有的企业文化，这种文化能够帮助企业在竞争中取得优势。

此外，一个好的企业愿景还可以吸引外部的客户和合作伙伴。客户在选择与哪家企业合作时，除了考虑产品和服务的质量、价格等因素外，企业的愿景和价值观也会成为他们考虑的因素之一。一个有吸引力的愿景能够展示企业的核心价值观和其对未来的展望，从而赢得客户的信任。

而对于投资者和股东来说，一个明确的企业愿景可以为他们提供长远的投资视角。他们可以通过这个愿景，更好地理解企业的发展策略和预测其未来的成长潜力。

企业愿景是企业的灵魂，反映了企业的核心价值观、使命和长远的发展目标。

二、华为的愿景变迁

华为，作为国际化技术巨头，其愿景的变迁成为很多商学院和企业管理者研究的焦点。华为的愿景不仅反映了其业务战略的演进，更是一个时代与市场变革的缩影。

1. **创业期**

在创业初期，华为是一家小而有志的公司，目标明确且雄心勃勃。它的愿景“三分天下，产业报国”深刻地体现了创始人及初创团队对国家和行业的忠诚与担当。他们希望通过自己的努力，为国家的通信产业进步做出贡献，将最先进的通信技术引入国内市场，并在这个市场中获得一席之地。在这期间，华为与众多外国品牌竞争，压力很大，但凭借独特的市场策略和持续的技术创新，华为逐步确立了在中国市场的领导地位。

2. **发展期**

随着华为在国内市场的成功，其视野逐渐扩大到国际舞台。此时的华为不再满足于仅作为一个通信设备供应商，它希望成为一个全球通信解决方案的提供者。因此，愿景转变为“丰富人们的沟通和生活”，这个愿景清晰地传达了华为希望为全球用户提供更为丰富、便捷的通信体验的决心。这也意味着华为开始深耕终端用户市场，注重产品和服务的用户体验，并通过与全球的运营商和企业合作，扩大其在国际市场的影响力。

3. **成熟期**

到了成熟期，华为已经从单一的通信设备供应商发展成技术全领域的领导者。这时的华为不再只关注通信，它的目标是构建一个全连接的数字世界。因此，其愿景进一步升华为“将数字世界带入每个人、每个家庭、每个组织，构建万物互联的智能世界”。这意味着华为开始进军云计算、AI、物联网等多个领域，并通过这些技术，实现端、管、云的深度融合。这个愿景不仅展示了华为的技术远见，也体现了其希望借助技术为全人类创造更好未来的决心。

华为的愿景变迁过程，是其与时俱进、勇于创新的最好证明。在每一个关键的历史时刻，华为都能够准确把握市场脉搏，调整其愿景，确保公司始终走在技术和市场的前沿。

三、实践建议

为了使企业愿景更加生动、具体并有效地推动组织前进，以下是一些基于华为及其他成功企业的经验总结的实践建议。

1. **清晰明确的愿景**

制定企业愿景的目的是为企业提供一个明确的方向，使所有员工知道公司的最终目标是什么。因此，一个有效的愿景应该简洁、明确且易于理解。它应该避免使用过于抽象或复杂的语言，并尽量使用具体、切实的词汇来描述公司的远景。例如，当亚马逊描述其愿景为“成为地球上最以客户为中心的公司”时，它为员工提供了一个明确、切实的目标。

2. **与时俱进**

随着时间的推移，市场、技术和消费者的需求都在不断变化。因此，企业愿景也可能需要随之进行调整。这并不意味着企业应该经常更改愿景，但当外部环境发生重大变化时，愿景可能需要进行微调以保持其相关性。这要求企业领导者需要经常重新评估公司的愿景，确保它与当前的市场环境和组织策略相一致。

3. **广泛传播**

只有当所有员工都了解并认同企业的愿景时，它才能有效地发挥作用。因此，企业领导者应该使用各种渠道广泛传播其愿景。这包括公司内部的培训课程、团队会议、电子邮件以及其他渠道。此外，领导者也应该通过他们的行为和决策来体现愿景，确保其在组织内得到真正的实施。

4. **激励与连接**

愿景不仅仅是一句口号，它应该与员工的日常工作和个人发展目标相连接。管理者可以定期与员工沟通，讨论他们的工作如何与公司的愿景相符，并鼓励他们找到与愿景相关的个人目标。此外，奖励和认可那些成功地将公司愿景付诸实践的员工，可以进一步激励他们努力实现这一愿景。

5. **参与感**

成功的愿景往往是集体创造的结果，而不是上层领导的单一决策。当员工感到他们在制定愿景中有所作为时，更愿意相信并为之努力。因此，企业可以考虑通过研讨会、讨论小组或调查的形式，邀请员工参与到愿景的制定过程中来。

企业愿景是组织成功的关键要素。只有当它清晰、与时俱进并得到广泛传播和实施时，才能真正推动企业向前发展。

四、关键要点

我们讨论了很多涉及企业愿景的内容，但为了更好地整合并突出其核心价值，提出以下几个关于企业愿景的关键要点：

1. 企业愿景是企业文化的核心

每家企业都有其独特的文化，而企业愿景则是这种文化的核心。它不仅指引着企业的方向，还反映了企业的核心价值观、使命和目标。它是员工、管理层、合作伙伴和消费者共同认同的价值观，可以说是企业 DNA 的一部分。

2. 员工和管理层的共同追求

为了使企业愿景真正生效，必须确保所有人都完全了解并投入其中。这不仅仅是一句标语或广告词，而是需要实际行动来支持的目标。通过明确的沟通、培训和激励机制，确保每个员工都了解企业愿景，并积极地为之付出努力。

3. 华为的企业愿景反映了其发展和战略调整

如我们之前企业所讨论的，华为的企业愿景经过了三次重大变迁，每次变迁都反映了华为在不同时期的发展战略和市场定位。从追求市场份额到提供全领域通信解决方案，再到构建数字化世界，华为的企业愿景始终与其业务策略和市场环境紧密相连。

4. 企业愿景应随时准备调整

就像华为那样，随着市场、技术和消费者需求的变化，企业愿景可能需要进行调整。这并不意味着频繁地改变方向，而是当外部环境发生变化时，企业需要及时响应，确保其愿景与当前的战略和目标保持一致。

5. 广泛传播和实施

仅有出色的企业愿景是不够的。关键是要确保它被广泛传播，得到员工、合作伙伴和消费者的认同，并真正地在实际工作中得到实施。这需要企业采取积极的策略，如定期的沟通会议、培训课程和激励措施，确保愿景在整个组织中得到深入的传播和实施。

第七节 愿景战略化

一、引言

1. 企业战略的意义与重要性

企业如何在竞争激励的市场中稳步前行，成为每一个组织面临的核心挑战。为了在这场商业竞赛中脱颖而出，企业不仅需要在短时间内做出反应，更重要的是需要有一个清晰而坚定的长期规划，这正是战略的核心所在。

“战略”，这听起来高大上的词汇，其实质是对企业未来的规划和指引。它决定了企业在未来的发展方向和路径，也影响到企业的生存和发展。战略意味着选择，而这些选择关乎如何分配资源、确定优先级和投资方向，这样，企业就可以集中精力，向那些能够带来长期价值和竞争优势的领域发力。

每一个成功的企业，背后都有一个明晰的战略。这个战略帮助企业识别机会、预测风险，并使其在复杂的市场环境中保持稳健。它将企业的目标和愿景转化为具体的行动计划，确保每一个决策和行动都与总体目标保持一致。

更为重要的是，战略并不仅仅是高层领导的责任，它需要每一个员工的参与和实践。因为每一个员工的决策和行动，都直接或间接地影响到企业的战略实施和结果。

战略是企业的灵魂，是企业前进的方向标和动力源。没有战略，企业就像一艘没有舵的船，任由风浪推动，难以达到预定的目的地。

2. 愿景型战略的定义和意义

愿景型战略是一种将企业的长期目标和愿景融入战略计划中的方法，它不仅是对未来的设想，更是企业追求的终极目标和动机。当提到愿景时，我们通常指的是一个明确、具体和远大的目标。这个目标不仅描述了企业希望达到的状态，还体现了企业的核心价值和理念。

那么，愿景型战略又是什么呢？它是一个综合的过程，需要企业深入思考、分析和规划。首先，企业需要明确自己的长远愿景，这是战略的出发点。其次，根据这个愿景，企业需要制定一系列的策略和计划，以确保在未来可以实现这个愿景。这些策略和计划不仅涵盖了市场、技术和业务方面，还需要考虑到人力、资源和组织结构等多方面的因素。

愿景型战略的意义在于它可以为企业提供一个明确的方向和目标，确保企业始终沿着正确的道路前进。与此同时，愿景型战略还可以帮助企业在市场上获得竞争优势，因为它可以使企业更加专注、高效和有目的地行动。此外，通过愿景型战略，企业还可以更好地动员和激励员工，因为它为员工提供了一个共同的目标和信仰。

愿景型战略是企业成功的关键。它不仅是企业发展的指引，还是企业文化和价值观的体现。因此，企业应该重视愿景型战略的制定和实施，确保其始终与市场、技术和组织环境保持一致。

二、华为在愿景战略化方面的实践

华为，一个起初仅仅以生产电话交换机起家的公司，如今已经发展成为全球领先的信息和通信技术解决方案供应商。其背后的成功与愿景型战略的实践有着密不可分的关系。

1. 强大的市场洞察力

在每一个技术变革的关键时期，华为都表现出了令人惊叹的前瞻性。从 2G 到 5G，从初级的通信设备到现今的全球数据中心，华为一直站在技术的前沿。这种市场洞察力的背后，是华为强大的研发团队和与全球顶尖学术机构的深度合作。

2. **业务领先模型**

华为的愿景型战略不仅体现在技术上，更多的是如何将这些技术转化为实际的市场价值。华为所采纳的业务模型，确保了公司在不断变化的市场环境中始终保持竞争优势。以下几点值得我们深入研究：

（1）机会差距。华为始终关注市场上的机会差距，通过深入的市场调研和分析，发现新的商机和市场需求。

（2）业绩差距。华为不断地比较自身的业绩和市场的标杆，确保业务始终保持领先地位。

（3）领导力。华为重视领导力的培养和发展，确保领导团队具有前瞻性的思维和决策能力。

（4）市场洞察。华为深入了解市场的需求和变化，确保产品和服务始终满足市场的需求。

（5）战略意图。华为明确其长远的战略目标和方向，确保企业始终沿着正确的道路前进。

（6）创新焦点。华为重视技术和业务的创新，通过不断的研发和创新，为市场带来新的价值。

（7）业务设计。华为根据市场的需求和变化，不断地调整和优化业务模型和策略。

（8）关键任务。华为明确关键的业务任务和目标，确保企业的资源和能力始终集中于最关键的领域。

（9）人才。华为重视人才的培养和发展，确保企业始终拥有高素质的团队。

（10）组织。华为建立了灵活高效的组织结构和管理机制，确保企业始终能够快速地响应市场的变化。

（11）文化范围。华为注重企业文化的建设和传承，确保其员工始终秉持着企业的价值观和理念。

（12）价值观。华为明确企业的价值观和理念，确保企业始终沿着正确的道路前进。

在愿景型战略的指引下，华为不仅是一家技术公司，更是一个具有前瞻性的商业领导者。通过深入的市场洞察、独特的业务模型和高效的组织管理，华为始终保持着其在市场上的领先地位。

三、实践建议

对于希望在市场上占据一席之地的企业来说，引领战略愿景并不是简单的任务。但是，这样的战略可以为公司创造巨大的长期价值。基于华为的成功实践和其他多个实例，我们为那些希望实施愿景战略的企业提供以下几点建议。

1. 明确愿景

（1）确定方向。愿景不仅仅是一个空洞的口号，它应该代表企业的核心目标和长远的发展方向。

（2）沟通与共鸣。一个明确的愿景需要得到全体员工的共鸣。频繁地与团队进行沟通，确保每一个人都了解和支持这个愿景。

2. 重视市场洞察

（1）持续的市场调查。时刻关注市场变化，理解消费者需求的转变，以及竞争对手的动向。

（2）反馈机制。建立一个能够从一线员工那里获得反馈的机制，因为他们最接近市场和客户。

3. 持续创新

（1）创新文化。鼓励员工提出新的想法，为他们提供必要的资源和支持。

（2）合作与伙伴关系。与其他企业和学术机构建立合作关系，共同研究和开发新技术。

4. 培养领导力

（1）持续教育。为领导团队提供持续的培训机会，让他们始终站在行业的前沿。

（2）领导者的角色。领导者应该作为团队的导航员，而不仅仅是管理者，他们应该提供方向，鼓励团队并提供支持。

5. 优化组织结构

（1）灵活性。在现代商业环境中，企业必须能够快速响应市场的变化，因此组织结构应该足够灵活，以适应这些变化。

（2）责任和权力。明确每个部门和个人的职责，确保他们有足够的权力来完成任务。

愿景型战略的成功实施需要企业的全体员工共同努力。

而企业的领导者则需要为团队提供明确的方向和必要的支持。同时，通过持续的创新和对市场的深入理解，企业可以确保自己始终保持竞争优势（如图 4 所示）。

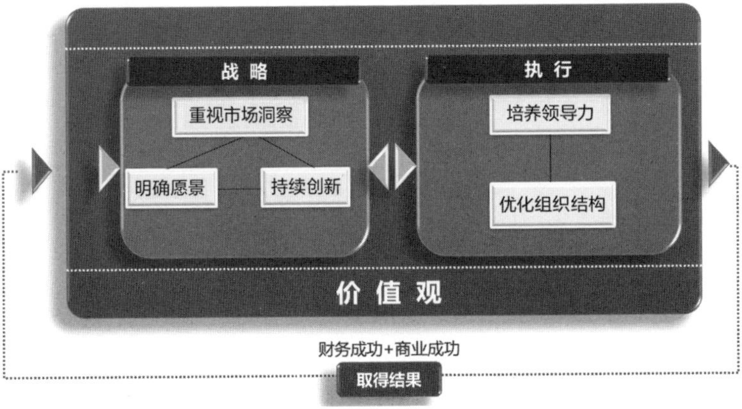

图 4　领导力

四、关键要点

愿景型战略是企业长期成功的基石，它提供了明确的方向并为未来的增长设定了目标。在分析多家成功企业的实践经验，特别是华为的案例后，我们可以总结出以下关键要点：

1. 明确的战略方向

（1）这不仅是关于企业要去哪里，更重要的是关于企业为什么要去那里。

（2）战略方向是企业决策的基础，确保所有的决策都与企业的长期目标一致。

2. 深入的市场洞察

（1）了解市场是关键，但真正的价值在于能够准确地预测和应对市场的变化。

（2）这要求企业不断更新其知识和策略，以适应不断变化的市场环境。

3. 持续的创新

（1）创新不仅仅是关于技术，也关乎企业文化、组织结构和业务模型。

（2）真正的创新是跳出现有的框架，找到新的、更好的方法来解决问题。

4. 领导力的培养

（1）一个优秀的领导团队可以推动企业不断前进，超越竞争对手。

（2）领导力不仅关乎决策，还关乎如何激励团队，实现企业的目标。

5. 有效的组织管理

（1）企业的组织结构和管理方式应该支持其战略目标。

（2）当外部环境变化时，企业应该迅速调整组织结构和策略，以应对这些变化。

6. 文化与价值观的重要性

（1）企业文化和价值观是推动员工行为的内部动力。

（2）当这些价值观与企业的战略目标一致时，可以大大加速企业的成长。

任何企业，无论大小，都需要明确的愿景战略来指引其前进的方向。成功地实施这一战略，需要企业深入了解市场、持续创新、培养领导力，并建立有效的组织管理和文化体系。

第八节 战略组织化

一、战略组织化概述

资源和需求之间的矛盾常被视为经济学中的核心问题。资源，不论是物质资源、人力资源还是时间资源，始终都是有限的，而我们人类的欲望和需求似乎是无尽的。这种矛盾，在企业管理领域尤为尖锐。随着企业规模的不断扩张和市场竞争的日益激烈，如何在有限的资源中找到最优的分配方式，实现企业的长期目标和愿景，成了每一位企业家和管理者都必须面对的问题。

而答案，往往隐藏在“战略”这两个字中。战略，不仅是高层、管理层对于未来发展的规划，更是对企业的愿景、使命和核心价值的明确表述。它为企业提供了方向，帮助企业在复杂多变的市场环境中找到自己的位置，确保企业资源得到最高效的利用。

但我们也必须清楚地认识到，战略并不等同于战略规划文档，一纸空文无法带来任何实质性的变化。真正的战略力量来自执行，而执行的基石是组织。一家组织良好、功能健全的企业往往能够更加迅速地响应市场变化，实现战略目标。在这里，团队起到的作用不言而喻。没有团队的支持，任何战略都只能是空中楼阁，而一个高效、团结的团队则可以助力企业迅速达到甚至超越预设的目标。

对于大多数企业来说，如何将战略从高层的决策传递到基层的执行，确保战略能够在整个组织中得到完整、准确的传达与实施，是一个值得深入探讨的问题。实际上，这不仅仅是一个传达的问题，更是如何让每一个员工都认同并参与到战略实施的过程中，如何让战略成为推动企业前进的共同力量。

在后续的内容中，我们将通过分析华为这一领军企业的实践，探索其战略组织化的成功之道，并从中找到答案。

二、华为战略组织化策略详解

（一）战略的确定与落地

华为成功的背后，战略组织化策略无疑起到了至关重要的作用。

1. 战略的明确性和前瞻性

对于华为，战略不仅是对未来的规划，更是一个反复打磨和深度思考的过程。华为始终相信，一个成功的战略必须明确、前瞻，同时也要有执行力。在进行战略确定时，华为绝不仅仅是简单地进行市场分析和趋势预测，更重要的是结合公司自身的发展历程、核心竞争力以及长远的目标，制定出既切实可行又具有远见的战略计划。

2. **战略的落地与执行**

确定战略只是第一步，真正的挑战在于如何将这个战略落地。华为非常明白这一点。因此，一旦战略确定，公司会立即行动，组建专门的项目团队对战略进行细分，将其分解为一个个具体、可操作的任务。这些任务不仅有明确的完成标准，还有清晰的时间表，确保每一项工作都能在预定的时间内完成。

对于这些专项团队，华为给予了足够的权力和资源，确保它们可以高效、准确地执行每一项任务。这种从高层到基层的全方位动员，确保了战略的快速、高效执行，使得整个公司都围绕着同一个目标努力，形成了强大的合力。

3. **持续的反馈与优化**

即便是再完美的战略，在执行过程中也难免会遇到各种预料之外的问题。华为非常注重战略执行的反馈机制。每个项目团队都需要定期汇报进度，分享遇到的问题和解决方案，这不仅可以帮助团队找到更好的执行方法，更重要的是，可以及时调整战略，确保公司始终走在正确的道路上（如图5所示）。

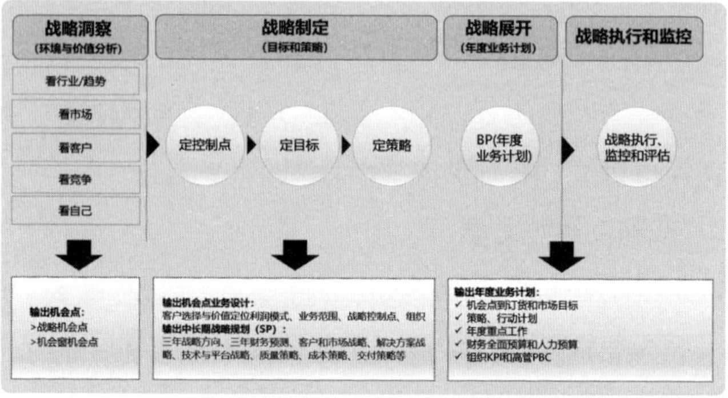

图 5　战略规划（SP&BP）编写框架模型

（二）组织的灵活性与稳定性

在充满变革和创新的时代，企业的成功与否往往取决于其组织结构是否具备适应市场变化的能力。华为在这方面有着独到的见解和实践。

1. 矩阵式管理模式的引入与应用

传统的层级式管理模式在一些场景下可能会显得僵硬，不利于快速决策和资源的灵活配置。而华为引入的矩阵式管理模式正是为了解决这一问题。通过横向和纵向的双重管理体系，不仅可以保证组织的灵活性，同时也确保了各个部门之间的紧密协作。

例如，产品研发部门在开发新产品时，可能需要与市场部门、销售部门乃至供应链部门进行深度合作。在矩阵式管理下，这种跨部门的合作变得更加流畅，也更有助于产品的快速迭代和上市。

2. 组织的稳定性：长期愿景与文化建设

虽然组织需要灵活，但稳定性同样至关重要。华为非常注重员工的职业发展和稳定，相信一个稳定的团队更能够为公司创造长远的价值。因此，华为投入大量资源进行员工培训，提供各种职业发展的机会，确保员工可以在公司内部找到满意的发展路径。

同时，华为也相信组织文化对稳定性的重要作用。公司积极培育一种以客户为中心、勇于创新、追求卓越的文化，使每个员工都能够清晰地知道自己的工作目标和价值所在，从而更有动力为公司的发展做出贡献。

3. 平衡灵活与稳定的艺术

华为成功地找到了灵活与稳定的平衡点。无论是引入矩阵式管理模式，还是持续投入资源培训员工，背后都反映出华为对组织建设的长远眼光和持续努力。

（三）组织文化的培育

在企业管理中，组织文化通常被视为一种软实力，但它的影响力却远远超出许多人的想象。华为对此有深刻的认识和独特的做法。

1. 华为文化的核心理念

华为创业之初，任正非便强调了“以客户为中心”和“以员工为基础”的文化理念。这两大核心理念为华为打下了坚实的基础，使其在过去的几十年中快速成长，并在全球市场上取得了骄人的业绩。

此外，华为还秉持“开放、合作、共赢”的理念，与合作伙伴建立长期、稳定的合作关系，共同为客户创造价值。

2. **培育与传承：从内而外**

华为非常注重员工培训和发展。公司每年都会投入巨资进行员工培训，尤其是对新员工进行企业文化教育，确保每个新入职的员工都能够深刻理解和认同华为的文化。

而对于长期在华为工作的员工，公司也提供了各种进阶培训和发展机会，使其不断地在工作中实践和深化对华为文化的理解。

此外，华为还通过各种内部交流会、员工分享会等，让员工之间相互学习，共同传承和发展企业文化。

3. **文化与战略的紧密结合**

组织文化不仅是一种软实力，更是战略执行的关键。因此，无论是制定公司战略，还是进行日常管理，华为都将企业文化纳入其中，确保文化与战略的紧密结合。

例如，当公司制定新的战略方向时，除了从技术和市场角度进行分析，还会考虑这一战略是否与华为的企业文化相符，是否能够得到员工的认同和支持。

（四）战略与组织的紧密结合

华为是全球众多企业学习和模仿的典范，而其战略与组织的紧密结合则是其中的关键一环。

1. 战略：不仅是高层的决策

在许多企业中，战略管理可能仅被视为高层领导的事务，但在华为，这种观念被彻底颠覆。华为意识到，要确保战略的有效执行，全体员工的参与和共鸣至关重要。因此，每当公司需要确定新的战略方向时，不仅会由高层领导进行决策，还会广泛征求一线员工的意见和建议。

2. 从高层到基层：战略传导的重要性

华为非常注重战略的传导。每当公司确定新的战略时，都会迅速通过培训、研讨会和内部通信等方式，将战略内容传达给所有员工。这不仅能帮助员工了解和理解公司的新方向，还能确保每个员工都知道自己在实现这一战略中的角色和责任。

3. 战略与组织的融合

战略与组织之间的关系并非单纯的指导和执行关系。相反，二者需要紧密地融合在一起，形成一个有机的整体。因此，华为在制定战略时，总是充分考虑组织的实际情况，确保战略与组织的紧密结合。

此外，华为还经常进行组织结构的调整和优化，确保组织结构能够适应战略的需要。例如，当公司决定进入新的业务领域时，可能会设立新的业务部门或团队，以支持这一新战略的实施。

4. **持续反馈与调整**

战略的执行是一个动态的过程，需要随着外部环境和内部条件的变化而进行调整。华为非常注重战略执行过程中的反馈机制。通过定期的业务分析和员工反馈，公司可以及时了解战略执行的情况，根据实际情况进行必要的调整，确保战略始终与实际情况保持一致。

三、实践建议

在了解华为如何成功地结合战略与组织后，我们可以从中得到一些关于如何在自己的企业中应用这些原则的实践建议。

1. **从上到下，确保战略共鸣**

要确保战略的成功执行，首先需要确保从高层管理者到基层员工都理解并认同这一战略。这要求领导团队在制定战略时考虑到所有员工的意见和建议，并在确定战略后进行广泛的传达和解释，确保所有人都能理解和认同。

2. **制定适应性强的战略**

在不断变化的市场环境中，企业需要制定适应性强的战略。这意味着，战略不仅要考虑当前的市场环境和企业状况，还要具有一定的灵活性，以应对未来可能的变化。

3. **激励员工参与战略执行**

员工是战略执行的关键。因此，企业应当建立一套激励机制，鼓励员工积极参与战略的执行。这可以是物质奖励，如奖金或奖品；也可以是非物质奖励，如培训机会或职业发展机会。

4. **建立有效的反馈机制**

为了确保战略的有效执行，企业需要建立一个有效的反馈机制。这包括定期的业务分析、员工反馈和市场调研，以及必要的战略调整。

5. **培育和弘扬企业文化**

企业文化是战略执行的软实力。强大、健康的企业文化可以为战略执行提供强大的支持。因此，企业应当努力培育和弘扬自己的企业文化，确保它与企业的战略目标相一致（如图6所示）。

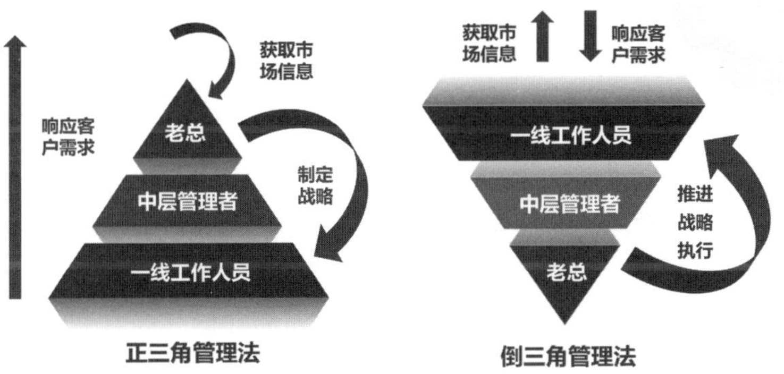

图6　正三角和倒三角管理法

四、关键要点

成功地执行战略并不是一个简单的过程，需要企业全体员工的共同努力和支持。以下是一些关于战略执行中的关键要点。

1. **组织与战略的同步性**

确保组织与战略完全同步是至关重要的。这不仅意味着确保所有员工理解战略，还要确保他们有资源和工具去执行战略。这可能涉及重新考虑组织结构、分配资源或提供额外的培训。

2. **持续沟通**

持续的沟通是关键。战略可能会随时间和市场环境的变化而调整，因此确保每个人都清楚地知道目标、期望和任何变化是至关重要的。

3. **鼓励员工参与**

员工的参与使战略成功的可能性增加。当员工感到他们是战略制定和执行过程的一部分时，更有可能接受并付出额外的努力。

4. **灵活性与稳定性的平衡**

如之前提到的，组织的灵活性和稳定性都是关键要素。组织需要足够的灵活性来适应不断变化的环境，同时需要足够的稳定性来确保长期目标的达成。

5. **文化的重要性**

组织文化，尤其是那些支持战略目标的文化，是确保成功执行的关键。这涉及培育和弘扬这些文化价值，并确保它们被纳入日常决策和行为中。

第三章

组织篇

组织充满活力，
创造价值、
评价价值、
分配价值

第一节 组织流程化

一、组织流程化的背景和定义

在现代企业运营中，组织流程化已经不再是一个新鲜的词汇，它的重要性日益凸显。那么，什么是组织流程化？为什么近些年它如此受到重视？

组织流程化，简而言之，是一种系统性地将企业的各项操作和任务整合为一系列连贯、高效的流程的管理方法。这意味着，不再是个体或部门独立工作，而是所有相关部门和角色围绕一个共同的目标，按照预先设定的流程进行合作和沟通。通过这种方式，企业可以确保每一个环节都能得到最大化的效率和产出，同时减少重复工作和浪费。

为什么组织流程化在现代企业管理中变得如此重要呢？其中一个原因是全球化和数字化使企业的运营环境变得前所未有的复杂，客户需求快速变化，竞争对手也在不断创新。这意味着企业需要快速地适应变化，调整战略和操作方式。而组织流程化，就为企业提供了这种快速适应和调整的能力。

另外，随着科技的发展，数据已经变成了企业的宝贵资源。组织流程化不仅可以提高效率，还可以为企业提供大量的数据和分析，帮助企业更好地了解客户、市场和自身的运营情况。这样的信息，可以帮助企业做出更加明智的决策，更好地满足客户需求，提高竞争力。

最后，组织流程化还有助于企业建立一种持续改进的文化。因为它鼓励员工不断地审视和优化流程，寻找更好的工作方法。这种文化，不仅可以提高企业的效率和竞争力，还可以吸引和留住那些富有创新精神和追求卓越的员工。

组织流程化是一种帮助企业应对现代运营挑战、提高效率和竞争力的关键管理方法。而对于像华为这样的全球性大型企业，组织流程化的重要性更是不言而喻（如图 7 所示）。

二、任正非的观点及其背后的哲学

华为的创始人任正非不仅是一个成功的企业家，还是一个富有哲学思考的领导者。无论是关于商业还是关于人生，他的许多观点和理论都反映了他深沉的思考和丰富的经验。

任正非说过："企业家在这个企业没有太大作用的时候，就是这个企业最有生命的时候。所以企业家还具有很高的威望，大家都很崇敬他的时候，就是企业最没有希望、最危险的时候。"这句话不仅揭示了任正非对组织流程化和规范化管理的重视，还揭示了他对企业生命力的深刻理解。

任正非认为，一个企业的生命力并不完全在于其领导者，而在于其内部的组织和流程。一个完善、高效、自主运行的组织，不受任何个体的影响，无论是领导者还是员工，都能持续稳健地运作。而过于依赖于某个个体，无论这个个体多

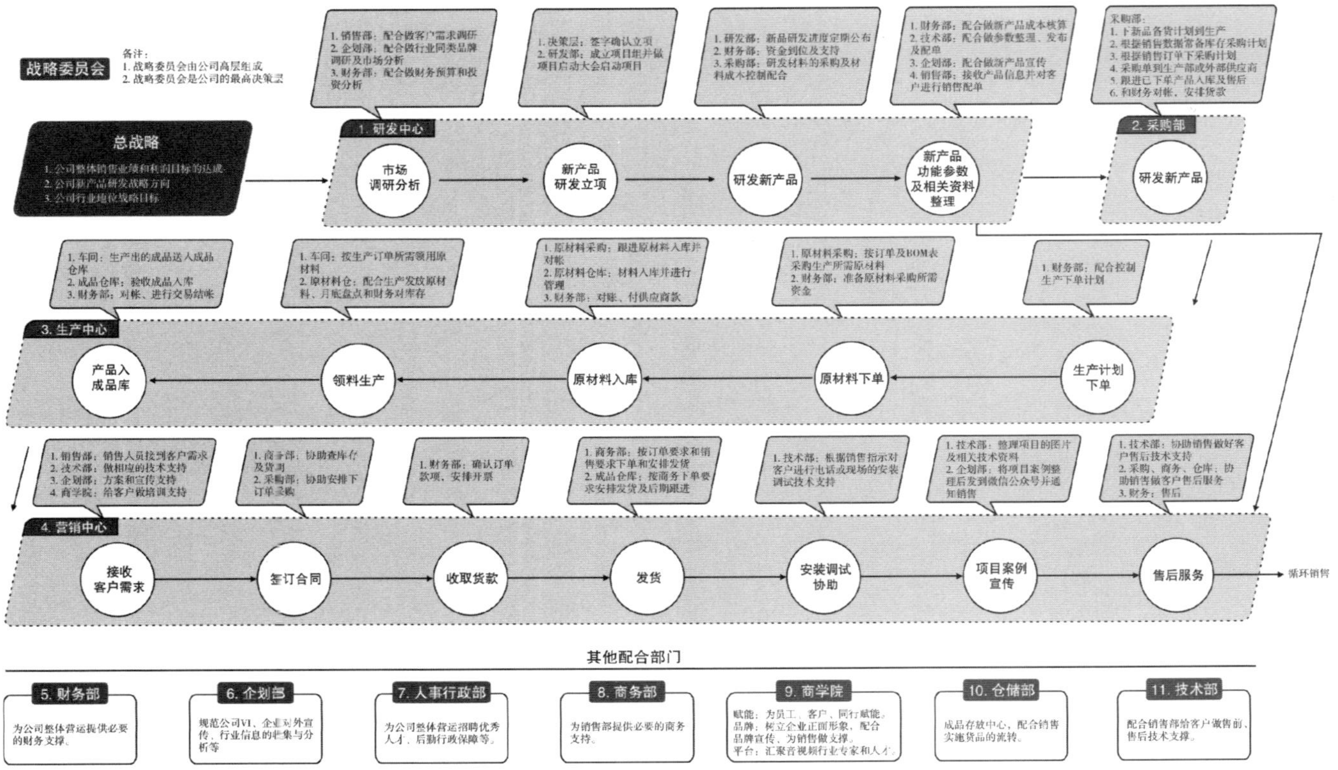
战略委员会
备注：
1. 战略委员会由公司高层组成
2. 战略委员会是公司的最高决策层
总战略
1. 公司整体销售业绩和利润目标的达成
2. 公司新产品研发战略方向
3. 公司行业地位战略目标
1. 销售部：配合做客户需求调研
2. 企划部：配合做行业同类品牌调研及市场分析
3. 财务部：配合做财务预算和投资分析
1. 决策层：签字确认立项
2. 研发部：成立项目组并做项目启动大会启动项目
1. 研发部：新品研发进度定期公布
2. 财务部：资金到位及支持
3. 采购部：研发材料的采购及材料成本控制配合
1. 财务部：配合做新产品成本核算
2. 技术部：配合做参数整理、发布及配单
3. 企划部：配合做新产品宣传
4. 销售部：接收产品信息并对客户进行销售配单
采购部：
1. 下新品备货计划到生产
2. 根据销售数据常备库存采购计划
3. 根据销售订单下采购计划
4. 采购单到生产部或外部供应商
5. 跟进已下单产品入库及售后
6. 和财务对帐，安排货款
1. 研发中心
市场调研分析
新产品研发立项
研发新产品
新产品功能参数及相关资料整理
2. 采购部
研发新产品
1. 车间：生产出的成品送入成品仓库
2. 成品仓库：验收成品入库
3. 财务部：对帐、进行交易结账
1. 车间：按生产订单所需领用原材料
2. 原材料仓：配合生产发放原材料、月底盘点和财务对库存
1. 原材料采购：跟进原材料入库并对帐
2. 原材料仓库：材料入库并进行管理
3. 财务部：对账、付供应商款
1. 原材料采购：按订单及BOM表采购生产所需原材料
2. 财务部：准备原材料采购所需资金
1. 财务部：配合控制生产下单计划
3. 生产中心
产品入成品库
领料生产
原材料入库
原材料下单
生产计划下单
1. 销售部：销售人员接到客户需求
2. 技术部：做相应的技术支持
3. 企划部：方案和宣传支持
4. 商学院：给客户做培训支持
1. 商务部：协助查库存及货期
2. 采购部：协助安排下订单采购
1. 财务部：确认订单款项，安排开票
1. 商务部：按订单要求和销售要求下单和安排发货
2. 成品仓库：按商务下单要求安排发货及后期跟进
1. 技术部：根据销售指示对客户进行电话或现场的安装调试技术支持
1. 技术部：整理项目的图片及相关技术资料
2. 企划部：将项目案例整理后发到微信公众号并通知销售
1. 技术部：协助销售做好客户售后技术支持
2. 采购、商务、仓库：协助销售做客户售后服务
3. 财务：售后
4. 营销中心
接收客户需求
签订合同
收取货款
发货
安装调试协助
项目案例宣传
售后服务
循环销售
其他配合部门
5. 财务部
为公司整体营运提供必要的财务支撑。
6. 企划部
规范公司VI、企业对外宣传、行业信息的收集与分析等
7. 人事行政部
为公司整体营运招聘优秀人才、后勤行政保障等。
8. 商务部
为销售部提供必要的商务支持。
9. 商学院
赋能：为员工、客户、同行赋能。
品牌：树立企业正面形象，配合品牌宣传、为销售做支撑。
平台：汇聚音视频行业专家和人才。
10. 仓储部
成品存放中心，配合销售实施货品的流转。
11. 技术部
配合销售部给客户做售前、售后技术支撑。

图7　组织流程化

么出色，都是有风险的。因为个体是有限的，而组织和流程是可以跨越时间和空间，持续传承的。

这种观点背后，隐藏着任正非的一个核心哲学——持续性。他认为，真正的成功并不在于短期的收益或成果，而在于长远的、持续的发展。而这种持续的发展，是建立在稳健的组织和流程基础上的，并不是某个个体的才华或努力。

此外，任正非也强调，企业的真正价值并不仅仅在于经济利益，还在于对社会、对员工、对环境的贡献。这也是为什么他如此重视组织流程化和规范化管理。因为只有这样，企业才能持续为所有的利益相关者创造价值，实现真正的可持续发展。

任正非的这些观点和哲学，为华为指明了方向，也给很多企业家和领导者带来启示。它告诉我们，真正的成功并不是瞬间的，而是建立在长远的、持续的努力和发展上的。

三、IPD 和 ISC 的深层意义和影响

华为在其发展历程中，推出了一系列的管理理念和方法。其中，IPD（Integrated Product Development，综合成品开发）和 ISC（Integrated Supply Chain，综合供应链管理）是其两大核心管理理念。这两个理念不只是简单的工具或方法，它们背后所蕴含的思想和价值观，代表了华为对企业管理的深入理解和创新思考。

首先，IPD 的推出，体现了华为对产品研发和市场需求

之间联系的深刻认识。在传统的产品开发模式中，研发和市场往往是分开的，这导致了很多产品无法满足市场的真正需求。IPD 则强调跨部门的协作，确保从产品设计、研发到生产、销售的每一个环节都与市场需求紧密相连。这种模式不仅提高了产品的市场适应性，还加速了产品的研发和上市速度，为华为赢得了更多的市场份额和客户信赖。

其次，ISC 的推出，展现了华为对供应链管理的前瞻性思考。在全球化的今天，供应链的管理已经不只是企业内部的事情，而是涉及全球范围内的合作伙伴。ISC 旨在整合供应链的各个环节，实现供应链的端到端管理。这不仅提高了供应链的效率，降低了成本，还加强了与供应商、合作伙伴的关系，为华为创造了更多的合作机会和商业价值。

此外，IPD 和 ISC 背后所代表的是华为对企业管理的一种哲学：摆脱个人依赖，追求流程优化和组织协同。华为相信，一个企业的核心竞争力并不完全在于技术或产品，而在于内部的组织和流程。一个高效、流畅、协同的组织，可以为企业创造持续的价值和竞争力。

总之，IPD 和 ISC 不仅为华为带来了具体的经济效益，更为企业界带来了管理的新思路和新理念。它们体现了华为对企业发展和管理的深入理解，也为其他企业提供了值得借鉴的成功经验。

四、组织流程化的重要性与华为的实践

组织流程化的概念和实践，虽然在企业管理领域已有相当长的历史，但其核心理念——通过明确、优化的流程提高组织效率和响应速度，始终是企业追求的目标。在这方面，华为无疑是杰出代表，其成功背后的组织流程化实践为世界各地的企业所称赞。

1. 组织流程化的核心理念

（1）明确性。每个工作环节、职责和角色都有明确的定义，避免了重复劳动和不必要的混淆。

（2）连续性。流程的每一个部分都紧密相连，确保整个工作流程的高效运转。

（3）可追溯性。轻松追踪每一个步骤，确保质量控制和持续的改进。

2. 华为的实践

（1）标准化。华为不仅将流程化运用于生产和研发，还将其运用于销售、财务、人力资源等所有部门。每个流程都经过精心设计，确保其标准化和优化。

（2）技术支持。华为利用先进的信息技术，如 ERP、CRM 等，支持其组织流程化实践，确保流程的实时监控和数据分析。

（3）持续的培训。为了确保员工理解并遵循流程，华为对员工进行持续的培训，使其深入了解并能够完美地执行每

一个流程。

（4）持续的优化。华为坚信："没有最好，只有更好。"因此，华为持续地对现有流程进行反思和优化，确保始终保持行业领先地位。

华为的成功清楚地展现了组织流程化的巨大价值。对于追求效率和持续改进的企业来说，组织流程化不仅是一种方法，更是一种企业文化。它要求企业明确目标，持续优化，并在每一个环节中都追求卓越。通过这种方式，企业可以在竞争激烈的市场中脱颖而出，赢得客户的信任和尊重。

五、IPD 和 ISC 的定义及其在华为的应用

在现代企业管理实践中，特别是大型跨国企业，管理方法和策略的选择直接关系到企业的竞争力和生存能力。IPD 和 ISC 是两种先进的管理方法，在华为，它们被视为核心竞争力的一部分。

1. IPD：**综合产品开发**

（1）IPD 是一种跨部门、跨职能的协同工作模式，旨在确保产品的全生命周期，从设计、研发到生产、销售，都得到精确的管理和监控。

（2）华为的应用。

①跨部门合作。华为鼓励不同部门间的紧密合作，打破信息孤岛，确保项目的高效进行。

②快速响应市场。通过 IPD，华为能够迅速捕捉市场变

化，快速调整产品策略，满足市场需求。

③质量保证。IPD 让华为能够在每个产品开发阶段都进行质量控制，确保最终产品的高质量。

2. ISC：综合供应链管理

（1）ISC 关注供应链的各个环节，包括采购、生产、仓储、物流和销售，确保整个供应链高效、顺畅运作。

（2）华为的应用。

①全球资源优化配置。通过 ISC，华为可以在全球范围内优化资源配置，如选择最佳的供应商、最优的物流方案等。

②降低运营成本。ISC 使得华为能够实时监测供应链的运作，迅速发现并解决问题，大大降低了运营成本。

③增强客户满意度。准确的供应链管理意味着更快、更准确的交货，从而提高了客户满意度。

IPD 和 ISC 不仅是管理方法，更是一种企业文化和思维方式。它们反映了企业对效率、质量和客户的承诺。在华为，这两种方法被充分应用，并且带来了显著的业务成果，为其在全球市场上赢得了赞誉。

六、企业如何实践有效的组织和流程管理

企业的长久发展不仅取决于产品或服务的质量，还与组织和流程管理的效率紧密相关。从华为的成功案例中，我们

可以总结出以下实践建议。

1. 重视组织流程化的价值

（1）企业首先要明确，一个好的组织结构和流程化管理是提高工作效率、减少资源浪费并提升客户满意度的关键。

（2）通过经常的培训和工作坊，确保员工理解并遵循企业的工作流程。

2. 克服个人依赖

（1）推崇团队协作，确保在关键职务上有合适的继任计划。

（2）通过自动化工具和软件减少对特定员工的依赖，使流程更加平滑。

3. 借鉴并实施先进的管理方法

（1）像 IPD 和 ISC 这样的管理方法有其独特的优势，企业应对其进行研究并考虑是否适用。

（2）不必完全模仿，可以根据企业的实际情况进行调整和优化。

4. 持续的流程审查和优化

（1）企业应定期审查工作流程，确定哪些部分可以优化或简化。

（2）利用数据和反馈，持续改进，确保流程始终与市场和企业需求相适应。

5. 注重员工培训和发展

（1）为员工提供培训，确保他们理解并能够在日常工作中实施有效的流程管理。

（2）通过与员工的互动和反馈，找到流程中的痛点和瓶颈，并努力解决。

每家企业的结构和文化都是独特的，但通过向成功的企业学习，可以找到那些可能适合自己的管理方法。关键是要有意识地、持续地追求效率和卓越。

七、深入理解组织流程化的核心观点

华为的成功，有一系列的关键要点为我们揭示了组织流程化的真正意义和价值。为了更好地在企业中实施有效的组织流程化，我们需要深入理解以下核心观点。

1. 组织流程化与规范化管理的核心地位

在竞争激烈的商业环境中，拥有有效的组织结构和明确的流程不仅可以提高效率，还可以为企业赢得竞争优势。没有良好的流程，即使有再高的目标和再好的产品，企业也难以长久。

2. 减少对个体的依赖

优秀的员工是企业的宝贵财富，但过度依赖个体是有风险的。华为的成功告诉我们，组织的健康和持续性应基于流程和制度，而不是个别的领导或员工。

3. 先进的管理工具：IPD 和 ISC

这两种华为的管理工具不仅是技术实践，更是企业文化的体现。通过这些工具，华为确保了产品从开发到供应链的每一环节都是高效和有序的。

4. 持续学习和自我革新

华为的成功也在于其不断学习和自我革新的能力。对于所有企业，尤其是那些希望长期发展和成功的企业，应始终保持对新知识、新技术和新方法的探索精神。

第二节 流程机制化

一、华为的流程与机制之道

华为不仅在技术领域取得了令人瞩目的成就，而且在组织管理和流程优化方面也堪称楷模。它的成功并非偶然，其背后有一套精心设计的流程和机制保障。

流程和机制，对于大型企业来说，是其运作的核心。想象一下，如果没有明确的流程，工作将变得混乱，任务可能会被遗漏，责任也将不明确。而没有有效的机制去执行这些流程，即使流程再完美，也只是一纸空文。因此，流程和机制的重要性不言而喻。

华为在发展早期就意识到了这一点。为了能在激烈的市场竞争中站稳脚跟，华为开始对内部流程进行深入的剖析和优化。每一项工作都被细化为具体的步骤，并为每一步骤制定了明确的指导和执行机制。这不仅保证了工作的高效进行，还确保了每个员工都明白自己的职责和权利。

华为的流程机制化并不是一蹴而就的，它需要时间、经验和大量的实践验证。初期，华为也面临过流程烦琐、执行困难等问题。但是，通过不断的调整和完善，华为逐渐找到了一套最适合自己的流程机制化体系。

在这个体系中，华为注重流程的灵活性和适应性。因为技术领域的发展变化迅速，昨天的最佳实践可能在今天就已过时。因此，华为不仅制定了明确的流程，还为流程的调整和更新提供了机制。这样，即使在面对外部环境的巨大变化时，也能够迅速调整自己，确保公司始终处于领先地位。

华为的成功并不仅仅是因为其技术实力，更多的是因为它对流程和机制的高度重视和不断优化。它的成功经验为其他企业提供了宝贵的参考，告诉我们流程机制化的重要性和价值。

二、制度、机制与企业文化

企业的成功不仅依靠产品或服务的优势，更多的是建立在内部的制度、机制和文化基础上。在华为，这三者之间的关系被视为公司稳健发展的支柱。

制度可视为企业的“法律”。它为企业的日常运作提供了明确的规范和界限，告诉员工什么是允许的，什么是不被接受的。好的制度能够确保企业的资源得到最有效的分配和利用，同时也能够为企业提供稳定的运营环境。华为在发展初期就意识到了建立完善制度的重要性，并花费了大量的时间和精力来完善内部的各项制度，确保每一个环节都有明确的规定和执行标准。

机制是确保制度得以执行的工具和方法，它为制度提供了实际的执行力量。华为对此有着深刻的理解，因此在制定各项制度时，都会同时考虑执行机制，确保每一项制度都能被有效地执行。

企业文化是企业的灵魂，反映了企业的价值观、信仰和行为准则。健康、积极的企业文化可以激励员工，促使他们为企业的目标而努力工作。华为深知企业文化的重要性，并始终致力于塑造和维护一个“以客户为中心，奋斗为基础”的企业文化。通过不断的内部宣传和培训，华为确保每一个员工都能够深刻理解并内化这一文化。

制度、机制和企业文化三者之间有着密切的联系。制度提供了行为的规范，机制确保规范得以执行，而企业文化则是规范和执行的内化表现。

三、流程治理的定义

流程治理在企业管理学中，是一个关键的概念。它不仅关乎着企业的日常运作效率，还直接影响到企业的长期竞争力和市场定位。然而，尽管许多企业都听说过流程治理，但真正理解它的内涵和价值的企业却不多。

流程治理，从字面上理解，就是对流程进行治理或管理。

但其实它所包含的意义远远不止于此。在国际先进组织的标准中，流程治理被定义为一种包含理论方法、演进规则、评价手段、使用工具和管理实践的结构性方法。这些组成部分共同构成了流程治理的完整体系，确保企业能够从流程中获得最大的价值。

首先，理论方法是流程治理的基石。它提供了流程治理的基本框架和理论支持，使得流程治理不再是盲目的、机械的，而是建立在科学的、系统的基础上。通过对流程治理的深入研究，企业可以更好地理解其目的和价值，从而为后续的实践活动提供指导。

其次，演进规则为流程治理提供了发展的蓝图。随着企业的发展和市场环境的变化，流程也需要不断地进行调整和优化。演进规则确保了流程的持续改进，使其始终保持与企业的战略目标和市场需求的一致性。

再次，评价手段和使用工具为流程治理的实施提供了具体的手段和方法。通过定期的流程评价，企业可以了解流程的实际运行状况，发现潜在的问题，从而及时进行调整。而适当的工具可以大大提高和增强流程治理的效率和效果，使流程治理成为一项系统的、科学的活动。

最后，管理实践是流程治理的核心。没有实践，流程治理就只是一堆空洞的理论。有了实践，流程治理才能真正为企业创造价值，帮助企业实现战略目标，提升业务能力。

流程治理不仅仅是对流程进行简单的管理，还是一种科学的、系统的管理方法，旨在确保企业的流程得到有效的执行和持续的改进。

四、流程治理机制的组成

流程治理机制是企业流程管理的支柱，决定了流程管理的效果和效率。对于华为这样的全球科技巨头来说，拥有完善的流程治理机制是其持续领先的关键。那么，华为的流程治理机制是如何构成的呢？

1. 责任机制

责任机制是流程治理机制的首要组成部分。对于任何一个系统或项目来说，明确的责任和职责分配是关键。华为非常注重这一点。为了确保每个流程都得到有效管理，华为建立了清晰的流程管理组织机构，上至高层管理，下至基层执行人员全部包括其中。而且，华为明确了各个组织和角色的责任和职责。这不仅使得流程管理更加有序，而且确保了每个人都知道自己的角色和职责，从而提高了流程管理的效率。

2. 运行机制

运行机制是确保流程治理机制有效性的关键。流程不是静态的，需要随着企业的发展和市场的变化而不断调整和优化。华为非常重视这一点，它规范了流程的全过程管理，从设计、变更、发布到废止，都有明确的流程和规则。这确保了流程管理的基础和系统的正常运行，避免了流程中出现混乱和冲突。

3. **决策机制**

决策机制也是流程治理机制的重要组成部分。在流程管理中，会遇到各种问题和挑战，如何做出正确的决策是关键。华为为流程管理过程建立了高效的监控和决策管理机制，不仅设置了明确的决策流程，还建立了一套完善的数据分析和报告系统，确保决策是基于数据和事实的，而不是纯粹依靠感觉或经验。

4. **保障机制**

保障机制是确保流程治理机制得以持续执行的关键。没有合适的人才和文化，任何机制都是空谈。华为非常注重流程管理的人才培养和文化建设，不仅设立了专门的培训项目，而且努力形成了全员参与的流程管理氛围，确保流程管理深入人心。

五、实践建议

流程治理是确保企业高效运营的重要组成部分。而要确保流程治理的实施效果，以下是一些建议。这些建议旨在为其他企业提供一些实践上的方向和方法。

1. **建立清晰的责任机制**

（1）明确组织结构。在流程治理中，组织结构的明确性十分关键。企业应根据自身的特点，划分出流程管理的各个组织和职能部门，并明确其职责和权利。

（2）制定详细的流程管理计划。企业应制定详细的流程管理计划，并确保各部门和个人明确知晓自己的职责范围和任务。

（3）进行定期的评估和反馈。通过定期的评估和反馈，企业可以确保各部门和个人都按照计划执行，并及时调整和完善流程管理策略。

2. **规范流程的全过程管理**

（1）流程设计是流程管理的基石。企业应确保流程设计的合理性和有效性，避免流程的冗余和不必要的复杂性。

（2）企业应制定一套完善的流程管理标准，这不仅可以为流程管理提供方向，还可以帮助企业在面对问题时，有一个明确的解决思路。

（3）企业应建立一套有效的流程监控系统，实时跟踪流程的执行情况，对于存在的问题，应及时进行调整和优化。

3. **注重流程管理的文化建设**

（1）对于员工来说，了解和掌握流程管理知识和技能是非常重要的。企业应定期提供流程管理的培训和学习机会，确保员工对流程管理有一个全面和深入的理解。

（2）企业文化的形成和发展，离不开员工的参与。企业应鼓励员工参与流程管理的相关工作，这不仅可以提高流程管理的效果，还可以增强员工的归属感和满足感。

（3）为了激励员工积极参与流程管理，企业可以设立一套奖励制度，对于在流程管理中表现出色的员工给予奖励和表彰。

流程治理不仅是一个技术问题，更是一个管理和文化问题。只有确保流程管理在技术、管理和文化三个方面都得到了有效的实施，企业才能真正实现高效和有序的运营。

六、关键要点

流程治理是企业发展的重要环节，决定了企业运营的效率和长远发展的稳定性。

1. 制度、机制和企业文化

（1）制度为企业提供了一个明确的行为准则，帮助员工明确自己的职责和权利。一个明确且合理的制度可以确保企业运营的高效和规范。

（2）机制是制度执行的保障，确保制度得到有效的执行。没有有效的机制，即使制度再完善，也很难得到执行。

（3）企业文化是制度和机制内化后的表现。积极、健康的企业文化可以激励员工努力工作，确保企业的长远发展。

2. 流程治理的定义

（1）流程治理是一种结构性方法，为企业提供了一个系统的框架，帮助企业明确流程管理的目标和方向。

（2）流程治理注重长远发展，确保企业建立一套长效的流程管理规则，为企业的长远发展提供保障。

（3）流程治理不仅是一个技术问题，而且是一个战略问题。流程治理的目的是确保企业达到战略目标，同时提升业务能力。

3. 流程治理机制的组成

（1）责任机制。明确流程管理的责任和权利是流程治理的第一步。只有确保每个流程都有明确的管理责任，流程治理才能得到有效的实施。

（2）运行机制。运行机制确保流程管理的正常运行，从流程的设计到废止，都得到规范和有效的管理。

（3）决策机制。决策机制为流程管理提供了一个高效的决策框架，确保流程管理能够按照预定的方向进行。

（4）保障机制。保障机制确保流程管理得到了技术和文化上的支持，从人才培养到文化建设，都为流程管理提供了强有力的保障。

4. 实践意义

（1）对于企业。流程治理为企业提供了一个明确和规范的管理框架，帮助企业提高运营效率，降低管理风险，确保企业的长远发展。

（2）对于员工。流程治理为员工提供了一个明确的行为准则，帮助员工明确自己的职责和权利，增强了员工的工作积极性和满足感。

流程治理在企业管理中占据着重要的地位，它不仅是一个技术问题，更是一个管理和文化问题。

第三节
机制表单化

在经济全球化的背景下，企业所面对的挑战和机遇并存。传统的管理方式已经难以满足现代企业在快速变革的商业环境中的需求。为了适应这种变革，许多企业开始寻求创新的管理方法和工具。其中，机制表单化作为一种结构化的管理工具，越来越受到企业的青睐。

机制表单化，简而言之，就是将企业的各种机制、规则和流程转化为标准化的表单，方便员工理解和执行。这种方法带来的好处是显而易见的，它使企业的管理流程简化，还使管理的透明度和效率提高了。

华为作为全球通信技术的领先者，一直在寻求更先进、更高效的管理方法。面对全球化的市场和日益激烈的竞争，华为迅速意识到了机制表单化的重要性，并开始将其应用到日常管理中。通过将内部的关键流程和机制进行表单化，华为不仅确保了业务流程的高效运行，还增强了对全球各地员工的管理和指导能力。

此外，机制表单化还提供了一个有效的框架，帮助企业在不断变化的市场环境中保持灵活性和反应速度。它为企业提供了一种科学的管理方法，帮助企业在快速变革的时代中保持竞争力。

一、提高机制执行的效率

机制执行的效率对任何组织都至关重要。它不仅影响到组织的日常运营，而且决定了组织能否迅速响应外部环境的变化。

华为采纳了机制表单化的方法，并对其进行了深入的实践和研究。这一策略背后的原因不仅仅是为了简化流程，更多的是为了确保在全球范围内，每个员工都能对公司的基本操作和流程有清晰的理解。

首先，机制表单化提供了一个清晰、明确的框架，帮助员工了解他们的职责和权益。这意味着当员工面临决策或行动时，不需要把时间浪费在寻找答案上，因为答案和方案已经在表单中明确地列出。

其次，通过机制表单化，员工在工作时会更加有信心，因为他们知道自己正在遵循公司设定的标准化流程。这种自信心和明确性极大地减少了错误率，从而提高了工作效率。

机制表单化为新员工提供了一个系统的入门方法。通常，新员工入职后需要经历一段时间的培训和适应期。而通过机制表单化，新员工可以更快地融入组织，因为他们可以通过查看相关的表单和流程图，迅速地了解和掌握公司的各种规定和要求，减少学习和适应的时间，这为企业节省了宝贵的时间和资源。

机制表单化不仅帮助华为建立了一个统一的工作标准，

而且提高了整个组织的工作效率，确保公司在激烈的市场竞争中始终保持领先地位。

二、降低组织管理的成本

高昂的管理成本可能会影响到公司的利润，甚至会威胁到企业的生存。因此，降低管理成本不仅是经济的需要，更是企业发展的必然选择。

机制表单化作为一种创新的管理策略，为企业提供了有效的途径来减少不必要的管理开支，这主要体现在以下几个方面。

1. **明确的指导流程**

有了清晰的表单和流程图，员工不再需要频繁地咨询上级或者同事，降低了因为沟通不清导致的重复劳动和误解。同时，这种明确性还减少了因为不了解或误解规定而导致的错误，避免了因错误而产生的额外成本。

2. **减少培训时间**

如前所述，机制表单化使新员工更快地熟悉公司的工作流程和规章制度，这无疑减少了培训时间，降低了培训成本。

3. **标准化的操作减少差异**

标准化的操作流程使不同部门、不同地区之间的操作差异也减少了，这意味着不需要针对每个部门或地区开展特定的培训或制定特定的策略，从而降低了管理的复杂度和成本。

4. **数据驱动的决策**

表单化的数据收集为企业决策提供了可靠的依据，减少了基于直觉或不完整信息的决策。这样的决策往往更加科学、合理，能够减少不必要的开支和风险。

在实际应用中，华为已经明显感受到了机制表单化带来的成本优势。不仅在内部流程中实现了更高效的管理，而且在全球范围内，都确保了统一、高效的执行，极大地降低了管理的总体成本。

三、提高机制执行的一致性和准确性

一致性和准确性是组织内部机制执行的两个关键要素。它们决定了组织是否能够像一个有序、协同工作的整体那样运行，以及企业的品牌形象和声誉是否能够得到保持和提升。

对于在全球有着庞大业务量和多样化市场的华为来说，确保一致性和准确性不仅是挑战，更是必须要解决的问题。

1. **全球统一的执行标准**

华为通过机制表单化确保了不论在哪个国家、哪个地区，员工都遵循相同的执行标准。这不仅确保了品牌的一致性，而且提高了业务的互通性。例如，当华为在某个新的地区开展业务时，其所遵循的流程、方法和策略与其他地方都相同，这大大降低了新市场的进入障碍并缩短了摸索期。

2. **明确的表单指导**

通过明确、具体的表单，员工可以清晰地了解到自己的任务内容、执行步骤以及期望结果，这大大减少了工作中的模糊性和不确定性，从而提高了执行的准确性。

3. **持续的反馈机制**

机制表单化不仅提供了执行的指导，还为员工提供了持续的反馈。如果某一流程或方法在实际执行中遇到问题，员工可以通过表单系统提出反馈和建议，公司可以及时地进行调整，确保执行的一致性和准确性得到持续的维护和提升。

4. **提供专门的培训和支持**

华为对表单化机制提供了专门的培训，确保员工不仅能够理解表单内容，而且能够准确地执行。此外，为员工提供的持续支持确保了当他们在执行过程中遇到问题时，可以得到及时的帮助和解决。

四、便于机制监管和评估

随着组织结构的日益复杂，对机制的监管和评估成了维持企业健康运行的关键步骤。一个没有被恰当监管和经常性评估的机制可能会导致工作被不规范地执行，甚至出现错误和风险。

华为作为一家技术领先且业务分布全球的公司，非常了解机制监管和评估的重要性，并通过机制表单化实现了以下几个目标。

1. **实时数据收集与反馈**

通过表单系统，华为能够实时收集到关于机制执行的数据。这些数据为管理层提供了直观的、基于事实的视图，帮助他们迅速理解机制的执行情况，识别出潜在的问题。

2. **系统化的评估流程**

有了完整的数据支持，华为可以进行更为系统和深入的评估。例如，通过分析数据来确定某个流程中的瓶颈，或者比较不同地区、不同部门的执行效率，从而找出最佳实践。

3. **更快速的决策制定**

及时、准确的数据反馈使得决策制定更为迅速。管理层不再需要通过长时间的报告或复杂的流程获取信息，可以直接在表单系统中获取所需信息，迅速做出决策。

4. **持续的机制改进**

机制表单化不仅是为了监管和评估，更重要的是为了持续改进。基于评估结果，华为能够及时调整和优化机制，使其更加贴近实际需要，更加高效。

5. **明确的责任与奖惩制度**

机制表单化还帮助华为明确了各个层级、各个部门的责任。通过对执行情况的监管和评估，能够清晰地看到哪些部门或个人表现优秀，哪些需要改进，从而实施相应的奖惩措施。

五、实践建议

在全球化和数字化快速推进的今天，对于大多数现代企业，尤其是大型的跨国公司，机制表单化的实践变得越来越重要。正确地实施这一策略，不仅能够提高企业的运营效率，还可以为其提供持续的竞争优势。

1. 深入理解企业文化和机制

在开始建立表单体系之前，企业首先需要深入理解自己的文化和现有的机制。这意味着对企业的各种流程、规定和原则进行详尽的审查和分析。这个步骤是确保表单体系真正与企业的实际需求和目标相一致的关键。

2. 引入专家和工具

机制表单化是一个复杂的过程，涉及多个领域的知识和技能。为了确保成功，企业可以考虑引入外部专家进行咨询，并使用专门的工具来帮助设计、实施和维护表单体系。

3. 持续反馈与优化

建立完善的表单体系并不意味着工作就此结束。相反，企业应该建立一个持续的反馈和优化机制，确保表单体系能够随着业务的发展和变化进行调整。

4. 培训与教育

为了确保员工能够正确、有效地使用表单体系，企业应该为他们提供足够的培训和教育。这不仅包括教会他们如何填写和使用表单，还包括告诉他们为什么需要这样做以及背后的原则和目标。

5. 激励与奖励

为了鼓励员工积极参与和支持机制表单化的实践，企业可以考虑建立激励和奖励机制。这包括既可以对那些在使用表单体系中表现出色的员工提供奖励，也可以对那些提出有价值的反馈和建议的员工提供奖励。

6. 确保数据安全和隐私

在实施机制表单化的过程中，企业很可能会收集和处理大量的敏感数据。因此，确保这些数据的安全和隐私是至关重要的。企业应该考虑使用加密、访问控制和其他安全措施，确保数据不被未经授权的人员访问或泄露。

机制表单化虽然非常具有挑战性，但如果正确实施，可以为企业带来巨大的长期收益。企业应该认真考虑上述的实践建议，并结合自己的实际情况制定出最合适的策略和计划。

六、关键要点

在快速变化的商业环境中，机制表单化已经成为许多大型企业，特别是跨国公司的核心管理策略。以下是关于机制表单化的几个核心点。

1. 高度的标准化与规范化

机制表单化的主要目标之一是提供一种标准化的方法，使得企业内部的所有流程、规定和原则都能够在一个统一的框架内进行。这有助于确保企业的所有部门和团队都能够按照相同的标准进行操作，从而提高效率和一致性。

2. 灵活性与适应性

虽然标准化是机制表单化的核心，但这并不意味着它是刚性的。相反，好的表单体系应该足够灵活，能够根据企业的实际需求和环境的变化进行调整和优化。

3. **数据驱动的决策**

机制表单化允许企业收集、分析和利用大量的数据，从而支持数据驱动的决策。这有助于企业更好地了解自己的运营情况，发现潜在的问题和机会，并制定更为科学和合理的策略。

4. **员工的参与与培训**

机制表单化的成功在很大程度上取决于员工的参与和支持。为了确保员工能够正确、有效地使用表单体系，企业需要为他们提供充分的培训和教育，并鼓励他们积极参与相关的活动和项目。

5. **持续的优化与创新**

机制表单化并不是一次性的项目，而是一个持续的过程。企业应该定期审查和评估表单体系，确保它始终与实际情况相符，并根据需要进行相应的调整和优化。

6. **保护信息安全**

随着数字化的深入，数据安全和隐私保护变得越来越重要。企业需要确保表单体系能够提供足够的安全保障，防止数据泄露或被恶意使用。

第四节
表单数据化

一、表单数据化和现代商业环境的关系

数据化作为商业行为的一个关键环节，表单数据化不仅仅是数字的变换，还代表着现代商业模式的升级与迭代。

首先，我们需要理解，为什么数据会被称为“当今时代最有价值的资源”。这是因为数据在现代社会中的作用远超过了过去。在数字时代，数据成为连接消费者、商家和市场的桥梁，它使人们对市场、用户行为、产品反馈等方面了解得更深入。而表单，作为数据收集的常见工具，自然成了数据流通的首要通道。

其次，表单数据化的引入，让商业行为更加高效和精确。在传统的商业模式中，表单通常是纸质的，需要人工填写、整理和统计，不仅耗时，还可能出现错误。而现代企业通过电子表单的形式对数据进行处理，不仅极大地提高了工作效率，还确保了数据的准确性和完整性。这是现代企业追求高效运营的必然选择。

此外，随着大数据、人工智能和其他先进技术的发展，表单数据化不再是简单的数据收集。现代企业可以通过分析这些数据，发现潜在的商业机会、优化产品设计、提高用户

满意度，甚至预测未来的市场趋势。这意味着，拥有高质量的数据资源，对企业来说就是拥有了未来的竞争力。

作为现代商业的核心，数据不仅能帮助企业更好地了解市场和消费者，还能为其提供持续创新和成长的机会。

二、数据正确

1. 数据的准确性对华为的意义

数据，被许多行业领袖称为新时代的“石油”，对于华为这样的全球技术巨头来说，意义重大。在华为的各个业务部门中，从产品开发、市场分析到后期的客户服务，数据都扮演着核心的角色。但在这些数据的背后，其准确性对华为更是至关重要。

首先，华为是一家不断创新的企业，在其每一个创新过程中，准确的数据都为研发团队提供了明确的方向。例如，当华为研发新的手机产品时，需要知道现有用户的使用习惯、偏好和反馈。只有真实、准确的数据，才能确保研发团队在正确的方向上做出努力，从而研发出符合市场需求的产品。

其次，华为的业务遍布多个国家和地区，不同的市场有着不同的用户习惯和需求。准确的数据允许华为快速响应各个市场的变化，及时调整策略，确保产品和服务始终与当地消费者的需求相匹配。这种对数据的敏感性，使华为在全球市场上始终保持领先地位。

最后，对于华为这样的技术公司来说，信誉是无价的。

准确的数据确保了华为在与合作伙伴、供应商和客户的交往中始终能够提供真实、准确和及时的信息，从而赢得他们的信任。一个简单的数据错误，就可能导致产品失效、交货延误，甚至损害公司的品牌形象，带来难以估量的损失。

华为深知，数据的准确性关系到公司的内部管理和运营效率。例如，在供应链管理中，准确的数据可以帮助公司精确地预测需求，合理调配资源，避免浪费。而在财务管理中，准确的数据则可以确保公司的财务报表真实、完整，符合监管要求。

2. 数据在市场趋势、客户需求和内部效率中的作用

在这个快速发展的数字时代，数据不仅仅是一串串数字或信息的集合，更是为公司带来竞争优势的核心资产。对于华为来说，数据在市场趋势判断、客户需求洞察和内部效率提升中扮演了无可替代的角色。

（1）市场趋势的捕捉与预测。

在全球范围内，不同的市场存在着不同的发展节奏和特点。华为通过大数据技术，实时收集各地的销售数据、用户反馈、在线搜索趋势等，进而了解市场的发展方向和发现潜在机会。例如，当一款新的技术或产品在某一地区流行时，华为可以及时捕捉到这一趋势，并调整策略，抢先准备，提前布局。这种对市场脉搏的精准把握，让华为始终走在行业前列。

（2）用户需求的深度解读。

满足用户需求是所有企业成功的关键。华为运用先进的数据分析工具，对用户的购买行为、产品使用习惯、反馈建议等进行深入的挖掘和分析。这样，华为不仅能了解用户的当前需求，还能预测他们的未来需求，从而进行产品和服务的持续创新。例如，如果数据显示大部分用户对手机摄像头的夜景功能有强烈的需求，华为就会优先加强这一功能的研发，确保满足市场期望。

（3）内部效率的持续优化。

华为业务覆盖数十个国家和地区，涉及数万名员工。在这样的复杂环境中，提高工作效率、减少资源浪费成为一大挑战。数据在这方面提供了强有力的支持。例如，通过对生产数据的实时监控，可以确保每一条生产线的高效运行，及时发现并解决问题；通过对员工的工作数据进行分析，可以调整工作流程，提高团队协作效率。

数据为华为提供了一个 360 度的全景视角，帮助其深入了解市场和客户，优化内部运营。在这一过程中，数据不仅加快了决策速度，还提高了决策的准确性。正因为如此，华为始终将数据视为最宝贵的资源。

三、数据透明

1. 数据透明性对企业内部和外部的影响

数据透明性已经成为当今企业管理和经营的核心议题。不仅在内部管理中发挥着至关重要的作用，对外部的客户、合作伙伴和利益相关者也产生了深远的影响。

（1）对企业内部的影响。

①提高工作效率。当数据透明并且易于获取时，员工可以迅速获得所需的信息，从而避免了无效的等待和沟通。这种快速的信息流动确保了项目和任务能够高效地进行。

②促进团队合作。数据透明性可以让每个团队成员都了解项目的整体情况和进展，从而更好地协作和调整工作重点。

③加强责任感。每个部门和员工的工作成果都被公开展现会激励员工更为努力地工作，因为他们知道自己的成果、贡献都会被看见和评价。

（2）对企业外部的影响。

①建立客户信任。数据透明性确保了与客户的沟通更为真实和透明。当客户能够清晰地了解企业的工作流程、产品质量和服务标准时，更容易建立起对企业的信任。

②强化合作伙伴关系。对于供应商和合作伙伴，数据透明性意味着清晰的合作规范和预期。这种明确性使得双方都能够更好地规划资源和策略，确保合作成功。

③提高品牌形象。当前社会，企业透明度和诚信度被视为品牌资产的一部分。一家公开、透明的企业更容易赢得公众的赞誉和支持，从而提升品牌形象和市场地位。

为了实现数据透明性，华为建立了一套完善的数据管理和共享系统。该系统不仅提供了高效的数据存储和查询功能，还配备了先进的数据安全和隐私保护措施，确保数据的透明性与安全性得到平衡。

数据透明性为华为带来了无数的机会和挑战。通过不断的努力和创新，华为已经成功地将数据透明性纳入企业文化和经营策略，从而在全球市场保持领先地位。

2. 如何建立数据透明性

数据透明性已经成为各大企业的关键目标。但如何实现这一目标呢？以下是几个有效的策略和方法。

（1）企业需要明确自己的数据策略和目标。这不仅包括要收集哪些数据，还涉及如何使用、共享和存储这些数据。要有明确的策略和目标，才能确保数据透明性的有效实施。

（2）数据透明性要求数据的一致性和准确性。为此，企业应当建立标准化的数据收集和存储流程，确保各部门和团队在处理数据时遵循统一的标准和规范。

（3）虽然透明性是关键，但数据的安全和隐私也同样重要。企业需要采用高级的加密技术和隐私保护措施，以保护数据不被未经授权的人员访问或滥用。

（4）企业应该为员工、合作伙伴和客户提供一个平台，以便他们能够访问和共享数据。这不仅提高了数据的可用性，还加强了数据透明性。

（5）对于数据透明性，员工的理解和参与至关重要。因此，企业应定期为员工提供培训，确保他们了解数据透明性的重要性，并积极参与其中。

建立数据透明性是一个持续的过程，需要企业全体成员的共同努力。只有通过明确的策略、高效的流程和持续的培训，企业才能成功实现数据透明性，并从中受益。

四、数据管理

1. 数据管理在复杂的商业环境中的挑战

在快速变化的商业环境中，数据管理变得比以往任何时候都更加复杂并具有挑战性。以下是企业在数据管理中面临的几个主要挑战：

（1）随着技术的进步和数字化转型的加速，企业现在需要处理的数据量正在快速增长。这不仅涉及大数据，还包括多种格式和来源的数据。如何有效地整合、存储和分析这些数据成了一项巨大的挑战。

（2）随着数据泄露和黑客攻击事件的增多，数据的安全和隐私问题受到了广泛关注。企业必须确保数据的存储和传输是安全的，同时也要遵循各种数据保护法规，这为数据管理带来了额外的复杂性。

（3）数据的质量直接影响到企业的决策效果。在多个系统、应用和部门之间确保数据的一致性是一项具有挑战性的任务。不一致或低质量的数据可能导致错误的决策，从而影响企业的竞争力。

（4）技术是数据管理的核心，但技术也在不断地变化。企业需要持续投资于新的技术和工具，同时也要确保现有的技术不会过时。如何在有限的预算内实现这一目标是一大挑战。

（5）数据管理不仅是技术问题，还涉及人和文化。员工可能对新的数据工具和流程感到不熟悉或不适应。如何确保员工得到适当的培训，以及如何创建一个以数据为中心的文化，是数据管理中的关键挑战。

（6）在全球化的背景下，企业需要遵循各个国家和地区的数据法规。这意味着企业必须不断地更新数据管理策略，以满足各种不同的法规要求。

2. 华为如何实现数据的最大价值

华为在实现数据的最大价值方面的方法值得业界学习。以下是华为实现数据价值的几个关键步骤：

（1）华为创建了一个统一的数据平台，以整合各种来源的数据。这不仅包括传统的业务数据，还包括物联网设备、移动通信和云计算等新型数据来源。用统一的平台确保数据的高效处理、分析和共享。

（2）华为投资于人工智能和机器学习技术，以挖掘数据中的潜在价值。通过这些先进的技术，华为能够预测市场趋势、优化产品设计和提高服务效率。

（3）华为实施了严格的数据治理策略，确保数据的质量、安全和合规性，并建立了一个专门的数据管理团队，负责数据的整合、清洗和维护。

（4）华为认为数据的价值在于应用。因此，华为采取开放和共享的策略，与合作伙伴、客户和第三方开发者共享数据。这种策略不仅增强了华为与伙伴的合作关系，还促进了数据驱动的创新。

（5）数据的最大价值不仅取决于技术，还取决于人。华为为员工提供了数据科学和分析技能的培训，并努力创建一种数据驱动的企业文化。

（6）华为确保数据分析的结果被应用于实际的业务决策中。无论是产品开发、市场策略还是运营管理，数据都是关键的决策因素。

（7）华为持续地投资于数据基础设施、工具和人才。华为鼓励员工对数据进行探索和实验，以寻找新的价值创造机会。

华为在实现数据的最大价值方面的方法为其他企业提供了有价值的启示。

五、数字经营

1. 数字化转型的复杂性与必要性

（1）数字化转型的复杂性。

随着科技的不断进步，新的技术和工具层出不穷，例如云计算、物联网、人工智能等。企业需要持续适应这些技术的变化。

数字化转型不仅是技术的变革，更多的是企业文化和思维方式的转变。传统的工作方式、固有的组织结构和保守的决策过程都可能成为转型的障碍。

数据是数字化转型的核心。但是，如何正确地收集、存储、分析并使用数据是一大挑战，尤其在数据安全和隐私保护的背景下。

当前的消费者期望获得更加个性化、方便快捷的服务。企业需要在数字化转型中持续满足这些期望，这意味着需要不断地创新和优化。

尽管数字化转型带来的机会巨大，但也需要大量的投资，包括时间、资金和人力资源。很多企业面临资源的限制，这使得转型过程变得更为复杂。

（2）数字化转型的必要性。

适应市场变化：数字化转型可以帮助企业更快速地适应市场变化，例如新的消费者行为、竞争对手的策略或全球趋势。通过自动化和数据分析，企业可以大大提高操作的效率，降低成本并提高盈利能力。

数字化转型为企业提供了创新的机会，可以开发新的产品、服务或业务模式，从而获得新的收入来源。

在数字化转型的浪潮中，那些能够成功转型的企业将获得持续的竞争优势，而那些不能转型的企业可能会被市场淘汰。

2. **华为如何在数字经营中保持领先**

华为在数字经营方面展现了无可比拟的优势，以下是华为如何在数字经营中保持领先的几个关键策略。

（1）华为坚持技术领先战略，每年都在研发上投入大量的资源。这不仅是为了开发新产品，还包括对现有技术的不断优化和升级，确保公司始终走在技术的最前沿。

（2）华为高度重视数据在决策中的作用。利用先进的数据分析工具和算法，可以实时了解市场趋势、消费者需求以及业务运营的效率，从而做出更明智的策略选择。

（3）华为深知客户满意度是其成功的关键。因此，公司始终将客户需求放在首位，无论是在产品设计、服务提供，还是在售后支持中，都强调为客户提供最佳的体验。

（4）华为在全球范围内设有研发中心、生产基地和销售网络，确保产品和服务能够迅速响应各地市场的特殊需求，同时分享全球范围内的最佳实践。

（5）华为不仅与全球顶尖的科技公司保持紧密的合作关系，还与多家研究机构、大学和创业公司建立了伙伴关系。这种开放和协同的合作模式为华为带来了丰富的资源和创新思维，加强了其在数字经营中的竞争力。

（6）为了应对数字经济带来的挑战，华为注重员工能力的提升。公司提供了各种培训课程和学习资源，确保员工可以持续跟上技术和市场的发展。

六、实践建议

在数字化时代，企业要想保持竞争力，不仅要关注技术和策略的发展，更要确保其实践方式是科学和有效的，以下是一些建议。

1. 建立数据质量团队

数据是数字经营的核心，因此，确保其质量至关重要。企业应该组建专门的团队，定期审核和整理数据，确保数据的准确性和完整性。

2. 持续培训

数字化技术和工具的快速迭代意味着员工需要不断地学习和更新知识。企业应该为员工提供持续的培训和学习资源，帮助他们适应数字化的工作环境。

3. 数据安全与隐私

保护数据的安全与隐私是企业的法律和道德责任。企业应该采用最新的安全技术和策略，确保数据不会被非法访问或泄露。

4. 利用先进的技术

企业应该投资和采用先进的数据分析和管理工具，这样可以更好地理解市场趋势、优化业务流程，并提高决策效率。

5. 开放与合作

与其他企业、研究机构建立合作关系，可以帮助企业获得新的思维和资源，加速数字化的进程。

6. 以客户为中心的策略

在数字经营中，最终的目的是为客户提供价值。因此，企业应该始终将客户需求放在首位，无论是在产品开发、服务提供还是市场营销中。

7. 灵活的组织结构

为了应对数字化带来的挑战和机会，企业可能需要调整组织结构，使其更加灵活和响应迅速。

8. 长远的视角

数字化转型是一个持续的过程，不应该仅仅是为了追求短期的利益。企业应该有一个长远的规划和目标，确保其数字化策略是可持续的。

这些建议是基于对数字化转型的深入理解和实践经验得出的，但每家企业的具体情况都是独特的，因此，应根据自己的实际需求和资源进行调整。

七、关键要点

1. 数据的中心地位

数据不再只是数字，而是现代企业的核心资产，驱动决策、策略和创新。

2. 准确性与透明性

数据的真实性和可访问性是企业建立可信度、做出明智决策的基石。

3. 数字化转型的双刃剑

尽管数字化转型给企业带来了巨大的机会，但也伴随着复杂性和挑战，需要企业不断创新和适应。

4. **平衡增长与控制**

在数字经济中，企业既要追求增长，又要确保费用的合理控制，以保持持续性和稳定性。

第五节 数据金额化

一、数据金额化在当前商业环境中的重要性

在当前的商业环境中，每一家企业都在积极寻找如何将数据转化为实际的经济效益。数据可以被用来为客户提供更为个性化的服务，帮助企业更加精准地进行市场定位，以及提供更为精确的供应链管理等。

然而，要真正从数据中获取价值，光有数据还不够，更关键的是如何将数据与企业的核心业务目标和经济利益相结合。数据金额化，这一概念并不仅仅意味着数据的商业化，更深入的层次上，它代表了数据与经济利益的完美结合，使数据从纯粹的信息变为可度量、可操作、可实施的策略和行动。

在全球范围内，不少企业已经意识到数据金额化的巨大潜力，华为作为一个杰出的例子，展示了如何成功地将数据金额化，使其不仅仅是一个技术概念，而是实际产生了盈利和提高了企业的经营效率。

在接下来的部分，我们将更加深入地探讨华为是如何实现数据金额化的，以及其他企业可以从中得到哪些启示。

二、量化利益点与金钱挂钩

在数据金额化的背后，存在一个关键的思维转变：不再将数据看作一个静态的存储，而是将其视为一个动态的价值生成器。华为不仅仅满足于收集大量的数据，而是深入每一个细节，努力找出数据背后的价值。

华为会对每一个数据点进行量化处理，从而确定其可能带来的经济效益。例如，当他们收集到用户的行为数据时，不只是简单地统计其数量，而是进一步分析用户的行为模式，以及这种行为模式可能带来的收益。这样，数据就与金钱直接挂钩，为经营者提供了清晰的利益脉络。

此外，华为还建立了一套复杂的算法和模型，以预测未来的数据趋势和可能产生的经济效益。这些模型不仅基于历史数据，还考虑到市场的动态变化、技术的进步和消费者的需求变化。通过这样的方法，华为不仅能够明确地看到数据对企业经济效益的具体贡献，还能提前预测和规划未来的商业策略。

在这个过程中，华为的成功不仅基于强大的技术能力，更重要的是其深入理解数据与经济利益之间的关系，并始终将二者紧密结合。这为华为在全球市场上取得了巨大的成功，并为其他企业提供了宝贵的经验和启示。

三、利用市场数据进行决策

拥有准确的数据意味着企业可以做出更为明智和高效的决策，从而在激烈的市场竞争中脱颖而出。华为非常重视市场数据在决策中的作用，并将其视为数据金额化策略的一个重要组成部分。

1. **主动收集多元化的市场数据**

华为不满足于仅仅依赖内部的数据资源。相反，它采用主动的策略，广泛收集外部的市场数据，包括市场价格变动、竞争对手的动态、消费者的反馈以及其他相关的经济指标。这使华为能够更全面地了解市场的实际情况，在决策中更为自信。

2. **深入分析数据，洞察市场趋势**

仅仅收集数据并不够，真正的价值在于如何解读这些数据，并从中洞察到市场的趋势。华为拥有一支强大的数据分析团队，他们利用先进的分析工具，从大量的市场数据中筛选出有价值的信息，预测未来的市场走势。这使得华为在制定策略时，总是能够领先一步，抢占市场的有利位置。

3. **以数据为基础，制定灵活的市场策略**

对华为而言，市场数据不仅是参考信息，更是直接影响市场策略的重要依据。基于对市场数据的深入分析，华为能够迅速调整产品线、价格策略或者市场推广方法，以应对不断变化的市场环境。这种以数据为基础的灵活决策方式，为华为赢得了市场的信任和客户的忠诚。

4. **持续反馈，优化决策流程**

华为的数据金额化策略并不止步于单一的决策，它强调的是一个持续的、循环的过程。每一次的决策都会基于数据进行评估，然后将结果反馈到决策流程中，进一步优化和改进。这样的方法确保了华为在面对不断变化的市场环境时，始终保持最佳的决策状态。

四、数据的说服力

数据在企业的沟通和决策中扮演着重要的角色。不仅是因为数据本身提供了大量的信息和知识，更重要的是数据具有说服力和权威性。华为在与客户、合作伙伴和投资者的交流中，充分体现了这一点。

1. **数字背后的真实故事**

对于很多人来说，数据可能只是一串数字，但对于华为，每一个数据背后都隐藏着一个真实的故事。华为不仅注重数据的收集和分析，更注重如何将这些数据转化为有深度的故事，以此来影响和说服其合作伙伴和客户。一个变化的销售数字不仅表示产品的受欢迎程度，还可能揭示市场趋势、消费者喜好以及品牌信誉。

2. **基于数据的客观论证**

在与他人交流和合作时，基于数据的论证通常比纯粹的主观观点更具说服力。华为在与各方交流时，常常利用实际的数据来支撑其观点。这不仅展现了华为对数据的尊重和重视，同时也使得华为的建议和观点更具有信服力。

3. 提高透明度，增强信任

数据的公开和分享往往能增强各方之间的信任。华为在与合作伙伴、投资者或客户沟通时，经常愿意分享数据和分析结果。这种开放和透明的态度，不仅加深了各方的理解，更为华为赢得了高度的信任和认可。

4. 数据驱动的持续创新

华为认为，数据不仅是为了验证过去，更是为了指引未来。在产品开发和创新中，华为经常利用数据来探索新的机会和可能性。这种基于数据的创新方法，使华为能够更加准确地满足市场和消费者的需求，从而保持其在市场中的领先地位。

五、实践建议

数据金额化不仅是一种理念，更是一种实践。为了真正将数据与经济利益结合，企业需要采取切实可行的策略和方法。以下为企业在实践中可考虑的具体建议：

1. 设定明确的数据策略

在开始任何数据项目之前，企业应首先设定明确的数据策略。这意味着需要明确数据的收集、存储、分析和应用等方面的具体目标和方法。这可以确保整个项目的方向和目标都是清晰的，并能够更好地配合企业的总体目标和战略。

2. 建立跨部门的数据团队

数据金额化是一个涉及多个部门的复杂过程，需要销售、市场、产品、技术等部门的紧密合作。因此，设立一个跨部门的数据团队是至关重要的。这样的团队能够确保数据的收集和分析，并确保数据的应用能够满足企业的各种需求。

3. 培训员工，提高数据素养

数据的价值很大程度上取决于员工如何使用它。为了确保数据能够最大化地发挥价值，企业需要对员工进行数据素养的培训。这不仅包括数据的基本知识和技能，还包括如何在实际工作中应用数据来提高决策的质量和效率。

4. 与外部合作伙伴合作

有时企业可能没有足够的资源或能力来独立完成数据金额化的过程。在这种情况下，与外部的数据专家或咨询公司合作是一个很好的选择。这些合作伙伴可以提供专业的知识和经验，帮助企业更快速、更有效地实现数据的价值。

5. 不断创新，持续改进

数据金额化是一个持续的过程，需要企业不断地探索、创新和改进。随着技术的发展和市场的变化，企业需要定期评估数据策略，确保其始终与时俱进。

六、关键要点

数据金额化的核心理念和关键要点为企业提供了有力的战略支持。

1. 数据金额化的深层含义

当提到数据金额化时，并不仅仅是指将数据转化为金钱。更为深入的理解是，这是一个将数据与企业的经济利益相结合的过程。它要求企业不仅看到数据的表面价值，还需要看到数据在深层次的经济意义和潜在价值。

2. 市场数据的决策支持力量

对于企业来说，了解市场动态和客户需求是至关重要的。市场数据为企业提供了一种强大的决策支持工具，使企业能够基于真实的、与金钱相关的数据来制定策略和决策。这不仅可以提高决策的准确性，还可以大大提高决策的效率。

3. 数据的说服力

在商业世界中，说服力是一种非常重要的能力。数据，作为客观、精确和可靠的信息来源，具有非常强的说服力。企业可以使用与金钱相关的数据来支持其观点和建议，这种基于数据的沟通方式不仅更有说服力，还更能获得各方的信任和支持。

4. 持续的数据优化

为了确保数据始终能够为企业带来最大的价值，企业需要进行持续的数据优化。这包括定期评估数据的质量和价值，以及根据最新的技术和市场趋势进行数据的更新和升级。

5. 建立数据文化

为了确保企业能够充分利用数据，企业需要建立一种数据文化。这意味着企业的每一个员工都需要认识到数据的价值，并在日常工作中有效地使用数据。

第六节 核算生活化

一、核算生活化的背景及其重要性

随着传统的会计方法逐渐不能满足企业的需要，企业决策层对于财务信息的需求已经从单纯的财务数据转变为需要更多与经营管理相关的信息。这背后是一个更加广泛的社会经济背景的推动，特别是在数字化、信息化快速发展的今天，数据已成为新的生产资料，而企业决策更加依赖于数据。

“核算生活化”这一概念的提出，正是为了应对这一变革。它意味着将核算工作深入企业的各个经营环节，使其不仅仅局限于财务部门，而是渗透到企业生活的每一个角落。这样，核算不再是一个单独、孤立的环节，而是与企业的日常经营活动紧密结合，为企业的长远发展和战略决策提供有力的支撑。

其重要性表现在以下几个方面：

在信息爆炸的时代，企业不仅要获取信息，还要确保这些信息的准确性和及时性。核算生活化可以帮助企业及时获得关于经营活动的各种数据，并快速进行决策。

通过核算生活化，企业可以更快速地获取到关键数据，从而做出更为精准的决策，减少因信息不足或延迟导致的决策失误。

当核算渗透到企业的每一个经营环节时，企业的内部控制机制也会得到加强，可以及时发现并纠正各种问题，确保企业的健康、稳定发展。

核算生活化为企业提供了更为全面、翔实的信息，使企业在与竞争对手的竞争中具有更明确的方向和策略，从而在市场中取得更大的优势。

二、经营型会计的特点与传统会计的差异

经营型会计是对传统会计的一次进阶与演变，它更注重的是为企业的经营决策提供实时、有价值的信息。与传统会计相比，经营型会计拥有以下鲜明的特点。

1. 决策导向

经营型会计以决策支持为核心目标，不再仅满足于为外部机构如股东、债权人等提供财务报表。它更注重于提供实时、准确的信息，帮助管理层进行日常经营及长期战略决策。

2. 深度集成

经营型会计不再是孤立的核算部门，而是与其他部门如营销、生产、人力资源等进行深度集成，提供综合的业务视角，确保各部门决策都基于完整、一致的数据。

3. 动态调整

传统会计多是基于固定的会计期间，如月、季、年等。而经营型会计更注重动态的、持续的数据更新，能够随时反映企业的经营状态，及时捕捉到业务的变化。

4. 强化风险管理

经营型会计注重未来的预测与风险控制，而不仅仅是对过去数据的记录。通过对各种经营数据的分析，能够帮助企业识别潜在的风险，并及时制定应对策略。

与此相对，传统会计更注重的是对经营活动的历史记录，以满足税务、审计等外部需求。虽然传统会计在很多企业中仍具有不可替代的地位，但随着商业环境的快速变化，经营型会计的价值与重要性日益凸显。

三、华为的“四算”详解

（一）华为的“四算”之一：一概算

华为提出的“四算”概念，为企业会计流程提供了全新的视角。而在这四个步骤中，第一个“一概算”是至关重要的，它奠定了整个会计流程的基础。

1. 一概算的定义与目标

一概算主要是在项目开始之前，进行初步的财务分析和预测。这一阶段的目标是为项目的后续决策提供数据基础，确保每一个项目从起始阶段就有明确的财务规划。

2. **一概算的主要内容**

（1）市场分析。评估项目可能面临的市场环境，包括潜在的客户、竞争对手、市场规模等。

（2）成本预测。根据项目的需求，预测可能产生的各种成本，如人力、物料、技术等。

（3）收益预估。基于市场分析，预测项目可能带来的收益，考虑各种风险因素和不确定性。

（4）风险评估。识别项目可能面临的各种风险，并提前制定应对策略。

3. **一概算的价值**

（1）明确方向。为项目提供明确的财务方向，使管理团队在后续的决策中有明确的指引。

（2）资源规划。基于预测的成本和收益，对项目的资源进行合理规划，确保资源的高效利用。

（3）提前应对风险。通过对风险的早期识别，提前制定策略，减少项目在后续过程中可能遭遇的困难。

（二）华为的“四算”之二：二预算

在华为的“四算”会计流程中，“二预算”紧随“一概算”之后，代表了一个项目的具体财务规划阶段。基于“一概算”阶段所做的初步财务分析和预测，“二预算”为企业的日常运营提供了具体指导。

1. 二预算的定义与目标

“二预算”是基于“一概算”所得到的初步财务分析和预测制定的具体的财务预算。这一阶段的主要目标是确保项目在执行过程中有明确的财务目标，同时为管理层提供一个衡量项目执行情况的标准。

2. 二预算的主要内容

（1）资金安排。明确项目在不同阶段需要的资金投入，包括初期投资、运营资金等。

（2）收支计划。制定项目的收入和支出预测，确保项目在整个执行过程中的财务平衡。

（3）利润预期。基于收支计划，计算项目预期的盈利情况，为管理层提供参考。

（4）财务风险控制。设置可能的风险点和对应的控制措施，确保项目的财务安全。

3. 二预算的价值

（1）执行指引。为项目提供明确的执行指引，使团队在项目执行过程中有明确的财务方向。

（2）持续监控。为管理层提供一个持续监控项目执行情况的工具，确保项目按照预定的财务目标进行。

（3）及时调整。当项目执行情况与预算有所偏离时，可以及时进行调整，确保项目的成功执行。

（三）华为的“四算”之三：三核算

在企业项目的执行过程中，预算的执行情况和实际发生的财务数据往往存在差异。“三核算”正是为了找出这些差异并分析其原因而设计的阶段。华为对这一阶段的管理特别重视，以确保项目的健康和可持续性。

1. 三核算的定义与目标

“三核算”是指在项目进行中，对实际发生的财务数据进行核实和对比，旨在与预定的“二预算”进行对比，从而找出差异点。其主要目标是提供一种实时的反馈机制，以指导项目的后续执行。

2. 三核算的主要内容

（1）实时财务数据收集。通过各种手段，如财务软件、人工录入等，收集项目的实时财务数据。

（2）数据对比与分析。将收集到的实时财务数据与“二预算”进行对比，找出其中的差异点。

（3）差异原因分析。对发现的差异点进行深入分析，找出产生这些差异的主要原因。

（4）提出调整建议。基于上述分析，为项目提出后续的财务调整建议，以确保项目能够按照预定的财务目标执行。

3. 三核算的价值

（1）实时反馈。为项目提供一种实时的财务反馈机制，确保项目执行的健康性。

（2）风险预警。通过对财务数据的实时监控，及时发现可能的风险点，为后续的决策提供依据。

（3）确保预算执行。通过与“二预算”的对比，确保项目能够按照预定的财务目标进行，从而达到预期的经济效益。

（四）华为的“四算”之四：四结算

项目的结束并不代表财务工作的完结。事实上，真正的财务清算工作才刚刚开始。华为的“四结算”强调了项目结束后的财务数据的准确性和完整性，从而确保了整个项目从开始到结束的经济效益。

1. 四结算的定义与目标

“四结算”是在项目结束后，对所有的财务数据进行最终的核算和清算工作。这一阶段的主要目标是确保所有涉及的财务数据都是准确无误的，同时为企业的财务报表提供可靠的数据来源。

2. 四结算的主要内容

（1）财务数据审查。对项目过程中的所有财务数据进行详细审查，确保其准确性和完整性。

（2）与供应商和客户的结算。核实所有与供应商和客户之间的财务往来，确保所有款项都被正确结算。

（3）内部结算。与相关部门和团队进行财务清算，确保内部资金的正确分配。

（4）报表制作。基于上述结算数据，制作企业的财务报表，为企业的决策者提供可靠的数据支持。

3. **四结算的价值**

（1）确保数据准确性。通过细致的结算工作，确保企业的财务报表反映了真实的经济活动。

（2）建立信誉。对外部合作伙伴提供准确无误的结算数据，建立和维护企业的信誉。

（3）决策支持。为企业决策者提供基于真实数据的财务报表，为后续的决策提供有力支持。

四、实践建议：向经营型会计转型的关键步骤

企业在进行财务管理时，不能只停留在传统的会计报表制作层面，而应致力于构建一个更加综合、实用和面向经营的财务管理体系。以下是一些实践建议。

1. **强化经营型会计的角色**

企业在财务部门的建设中，应明确经营型会计的重要性。这意味着不仅需要处理数字和报表，更需要分析、解读和预测这些数字背后的经营含义。

企业应该利用现代化的财务管理软件，对经营活动进行实时的监控和反馈。经常性地为财务团队提供经营型会计的培训，以确保他们能够提供真正有价值的分析和建议。

2. **制定详细的预算**

预算不应仅仅被视为一种限制，更是一种指导。它提供了一个企业在特定时间段内经营活动的清晰框架。

（1）参与制定。确保所有相关部门和团队都参与到预算制定过程中，这样可以确保预算更加接近实际情况。

（2）动态调整。根据实际情况进行动态调整，确保始终与经营活动保持一致。

3. 及时核算与调整

企业的经营环境总是在变化，因此财务数据的核算和调整也应该与时俱进。

（1）持续监控。对关键经营指标进行持续的监控，确保能够及时发现问题并提出解决方案。

（2）反馈机制。建立一种有效的反馈机制，确保管理层能够根据最新的财务数据做出决策。

五、关键要点：经营型会计在现代企业中的核心地位

经营型会计作为一种新型的会计方式，与传统的财务会计有着明显的区别，其重要性在现代企业经营中越发凸显。以下是该话题的核心要点。

1. 超越传统的财务记录

经营型会计不仅仅满足于记录企业的财务变动，而是更关注这些变动背后的经济含义和对企业未来的影响。

（1）对财务数据进行深入的分析，理解背后的经济逻辑。

（2）基于当前的财务数据，对未来的经济活动进行预测，为企业决策提供参考。

2. 华为的“四算”模型

华为的“四算”不仅为企业提供了一个完整的会计流程模型，而且确保了财务数据的实时性、准确性和实用性。

从项目开始到结束，确保财务数据的连续性和完整性。确保财务数据不仅仅是一份报表，而是更能够真正为企业经营提供有价值的参考。

3. 企业决策的重要依据

经营型会计为企业提供了准确、实时的财务数据，从而为企业决策提供了坚实的依据。

经营型会计可以及时发现财务数据中的异常变动，为企业提前发出风险预警。

第七节 薪酬激励化

一、薪酬激励化：华为的成功密码

在众多的管理策略中，华为对员工的薪酬和激励体系是最值得关注的一环。它经过了精心的设计和调整，目的是激发员工的工作热情、提高创新能力，并维护公司的长期稳健发展。华为的薪酬体系主要分为四大部分：工资、奖金、TUP 分配和虚拟股分红，每一部分都蕴含了华为的管理智慧和对员工的关怀。

二、工资：华为的独特哲学与实践

工资作为员工的基本薪酬，是每个人都关心的重要部分。但在华为，工资不仅是一种经济补偿，更是一种责任与使命的体现。华为对员工的工资管理有着自己独特的方法和理念，这是它区别于其他公司的一大特色。

1. 以岗定级

华为非常注重职位与职级的匹配度。通过精确地建立职位和职级的关系，确保了每个职位都有明确的职责和要求。这也意味着每一个在华为工作的员工都能清楚地知道自己的职责与期望，以及如何才能晋升。

2. 以级定薪

当职级明确后，华为进一步确立了工资与职级的对应关系。这样做，旨在保证员工的薪酬与其所承担的职责和责任相匹配。这一理念让员工明确地知道，只有当他们的绩效与职责达到一定标准时，才能获得相应的薪酬。

3. 人岗匹配

华为非常重视员工与岗位之间的匹配度。通过持续的能力与职位匹配评估，确保了员工的个人能力与其所在的职位要求高度匹配。这种评估不仅是为了发现不匹配的情况，更是为了确保员工能在适合自己的岗位上发挥最大的价值。

4. **易岗易薪**

为了激励员工的主观能动性，华为采取了灵活的工资调整政策。员工可以根据自己的能力和兴趣选择合适的职位，公司则会根据员工的新职级和绩效进行相应的工资调整。这种制度既保证了公司的效率，又满足了员工的职业发展需求。

5. **机会与晋升**

华为对待员工的成长和发展从未吝啬，为员工提供了丰富的培训和学习机会，同时也为他们创造了广阔的晋升空间。在华为，一个员工的职业生涯并不是线性的，而是充满了各种可能性。这也是华为能吸引和留住众多顶级人才的重要原因之一（如图 8 所示）。

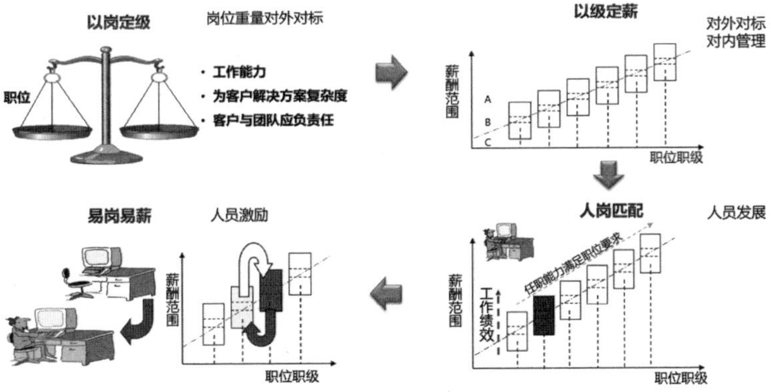

图 8　华为实践：工资管理十六字方针

三、奖金：激励短期目标与长远愿景的平衡

奖金体系，作为员工薪酬的一大组成部分，对于调动员工的积极性和工作热情具有至关重要的作用。华为的奖金体系经历了多个阶段的调整和完善，旨在更好地激励员工，促进公司业务的快速发展。

第一个阶段：兼顾短期与长远。初期，华为采用虚拟利润法作为奖金计算的基础，这种方法可以迅速地将外部市场的压力传递给每个员工。在这个阶段，公司鼓励员工在短时间内实现显著的工作成果，同时也着眼于长期的发展目标。

第二个阶段：市场为王。随着公司的迅速扩张，华为更加注重市场导向。目标非常明确，即实现快速的规模增长、更大范围的市场覆盖，并在市场中打破原有的格局。员工的奖金与公司的市场业绩紧密相关，使得全体员工的努力方向都与公司的市场策略紧密结合。

第三个阶段：追求有效增长。当已经在市场上占据了一定的位置后，华为开始从简单的规模增长转向更为有效的增长。在这个阶段，华为重视员工的高绩效表现，尤其是那些能为公司带来核心竞争力和差异化优势的表现。

第四阶段：共享成果。华为的奖金体系进一步演化为“获取分享制”。在这个阶段，奖金不再是简单地按比例分配，而是根据员工的实际贡献和业绩来决定。员工需要真正“挣”到他们的奖金，这进一步激发了员工的工作热情和创

新精神。

这四个阶段反映了华为如何根据公司的发展阶段和市场环境，灵活地调整奖金体系，以确保员工和公司的双赢。

四、TUP 分配：实现长期合作与共同发展

TUP（Time-based Unit Plan），或称时间基准单位计划，是华为为了更好地激励员工，鼓励他们为公司的长远发展做出持续的努力而设计的一种特殊薪酬激励方案。

华为实施的是 5 年 TUP 计划，这意味着员工需要在 5 年的时间内持续为公司付出，才能获得完整的分红权。这不仅鼓励员工为公司的长期成功而努力，还能确保公司在关键时刻能够获得员工的全力支持。

“递延+递增”的分配策略，激励持续进步。在这种分配方案中，员工每年都可以获得一定的分红权，但这些分红权会在 5 年后集中进行增值结算。这鼓励员工不仅要在每一年都有出色的表现，还需要在整个 5 年期间持续进步。

长期激励，保障公司的稳健发展。TUP 计划能确保员工与公司的利益紧密绑定，鼓励员工长期为公司的稳健发展而努力。与短期的奖励机制不同，TUP 分配更注重员工的持续贡献和长远的视野。

培养员工的公司家思维。通过 TUP 分配，华为希望员工不仅看到自己的即时收益，更希望他们能够从公司的整体利益出发，为公司的长远发展做出贡献。

五、虚拟股分红：链接企业的未来与员工的奋斗

虚拟股分红体系是华为用来激励员工和确保他们分享公司成果的重要手段。与真实的股权不同，虚拟股不涉及公司的实际所有权转移，但员工可以通过它获得公司的经济利益。

分享公司的成功。华为始终相信，员工是公司成功的关键，因此公司的成功也应该与每一个努力付出的员工共享。通过虚拟股分红，华为确保员工能够得到他们应得的回报。

明确的进入和退出机制。为了确保虚拟股分红的公正性，华为非常重视进入和退出条件的设计。这意味着不是所有员工都能获得虚拟股，只有那些为公司做出突出贡献的员工才能享有此权益。

逐步分配，持续激励。华为的虚拟股分红策略是逐步分配，员工需要在一段时间内持续展现出色的业绩和对公司的忠诚，才能获得更多的虚拟股。

分离投票权与分红权，确保管理稳定性。虚拟股分红并不意味着员工具有公司的实际控制权。通过信托、有限合伙等结构，华为确保了公司的管理稳定性，同时让员工分享公司的经济利益。

这种激励方式不仅是对员工努力的回报，更是对其未来表现的期待。虚拟股分红体系使得华为的员工与公司更加紧密地结合在一起，共同面对市场的挑战，共同创造未来的辉煌。

六、华为薪酬体系的深思熟虑与普世价值

华为的薪酬和激励体系无疑是公司文化中最为核心的部分，也是吸引和留住人才的重要手段。

以人为本，量才而赏。华为的每一个薪酬策略，无论是基础工资、奖金、TUP 分配还是虚拟股分红，都明确地传达了一个信息：公司认真对待每一位员工，公正评价其贡献，并给予相应的回报。这样的薪酬策略使得员工更有动力为公司付出，更愿意长期与公司并肩作战。

随着市场环境的变化和公司的发展，华为在不断地调整和完善其薪酬体系，以适应新的挑战。从奖金体系的多个调整阶段可以看出，华为从不满足于现状，始终在寻找更好的方法来激励员工（如图 9 所示）。

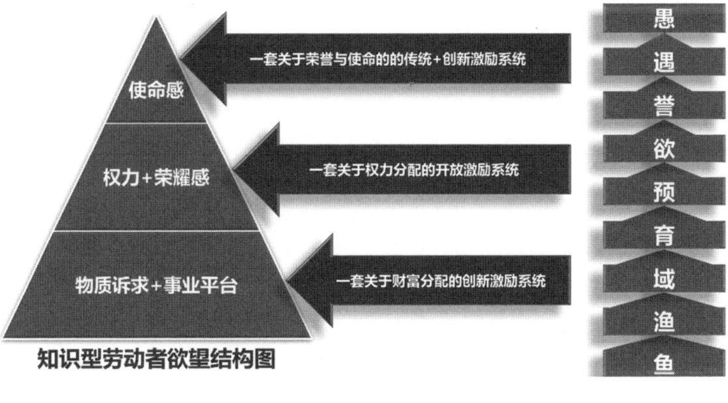

图 9　华为的人力激励核心要素

第八节 改善精进化

一、改善与精进化的概述

在现代企业发展中，“改善”与“精进”已成为两个核心词汇。这两个词虽然意思接近，但实际上涵盖了企业经营和管理的各个方面。所谓“改善”，意味着针对存在的问题或不足，进行系统性、有针对性的调整和完善；而“精进”则更偏重于持续地提高，追求更高的标准，不断地超越自我。

在高速发展的市场环境下，企业面临着巨大的竞争压力。那些不能适应变化、无法及时进行改善与精进的企业，最终可能会被淘汰。而能够持续改善与精进的企业，不仅能够稳固自己的市场地位，更有可能成为行业的领导者。从这个意义上说，改善与精进不仅是企业的一种经营策略，更是企业生存与发展的基石。

过去，许多企业主要依靠产品创新、市场扩张等策略来获取竞争优势。但随着市场日趋饱和和消费者需求的多样化，这些传统的策略已经很难为企业带来长期的竞争优势。因此，如何通过改善与精进来提高企业的核心竞争力，成为企业家和管理者们关注的重点。

在改善与精进的过程中，企业需要建立一套完善的机制和流程。这包括但不限于对产品、服务、流程进行定期的检查和评估；对不符合标准或存在问题的部分进行快速调整；对员工进行培训和激励，确保他们具备执行改善与精进任务的能力；建立一套反馈机制，确保改善与精进的成果能够得到持续的关注和推广。

在此背景下，华为作为全球领先的信息与通信技术解决方案提供商，在改善与精进方面的经验和实践，无疑为其他企业提供了宝贵的参考。

二、华为注重改善与精进

华为一直深知改善与精进对于企业长期成功的重要性。而其成为全球领先的信息与通信技术解决方案供应商，在很大程度上得益于其对改善与精进的重视和实践。

成立初期，华为主要以代理销售交换机为主。但随着市场的快速变化和技术的进步，华为意识到单纯的销售模式已难以支撑其长期发展，于是决定转型为自主研发、生产和销售的综合性通信设备供应商。这一决策的背后，正是华为对改善与精进的深刻理解。

华为注重技术创新和研发，每年都将10%左右的营收投入研发中，这使其迅速崭露头角，逐渐占据了中国乃至全球市场的重要位置。与此同时，华为也深知技术优势并非长久之计，因此它更加注重内部管理、流程和制度的改善与精进。

无论是研发、生产、销售还是服务，华为都设定了明确的标准和流程，并不断对其进行检查和优化，确保各个环节都能达到最佳状态。

华为为了适应这种多元化的市场环境，不断调整产品和服务，使其更加贴近当地市场的需求。这其中，改善与精进的思维发挥了关键作用。华为不仅对产品和服务进行本地化的改进，还对全球化的管理和运营模式进行了精进，确保在不同的市场和文化背景下，都能够提供一致的高品质产品和服务。

到目前为止，华为已经在全球 170 多个国家和地区设有办事处，并与世界 500 强企业中的 45 家建立了战略合作伙伴关系。华为的成功不仅是技术和市场的成功，更是改善与精进思维的成功。它为全球企业提供了一个宝贵的案例，证明了只有持续改善与精进，才能够在激烈的市场竞争中立足（如图 10 所示）。

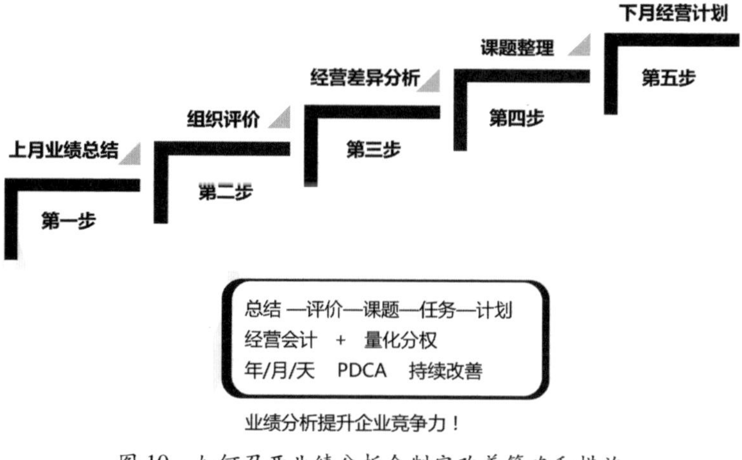

图 10 如何召开业绩分析会制定改善策略和措施

三、PDCA 循环的深入解读

PDCA 循环（源于质量管理的先驱 W. Edwards Deming 博士）已经成为众多企业在管理、运营和产品开发中实施持续改进的核心方法论。对于华为这样的全球领先企业来说，PDCA 不仅是一个理论模型，更是其持续成功的基石。

Plan（规划）：规划阶段，是 PDCA 循环的第一步，也是整个循环中最为关键的一步。在这一阶段，企业需要明确自己的目标和期望，以及为实现这些目标需要进行的活动。华为在这方面做得尤为出色。它不仅仅是简单地设定一个营收或市场份额的目标，更对整个市场、客户需求、技术趋势进行了深入的分析，确保其目标是切实可行的。

Do（执行）：执行阶段是 PDCA 循环中最为活跃的阶段，但并不仅仅是盲目地按照计划进行，而是需要在实践中不断地调整和优化。华为在执行阶段，往往采用敏捷开发和短迭代的方式，确保其产品和服务能够快速地适应市场的变化。

Check（检查）：检查阶段，是 PDCA 循环中的反馈环节。企业需要在这一阶段对执行的结果进行检查和评估，看看是否达到了预期的目标。华为在这方面的做法是建立一种完善的数据分析和反馈机制，确保各个部门和团队都能够得到实时的、准确的数据反馈，从而为下一步的调整提供决策支持。

Act（行动）：行动阶段，是 PDCA 循环中的调整环节。如果在检查阶段发现了偏差或问题，企业需要在这一阶段进行调整，确保问题得到解决。华为在行动阶段，往往采用的是“快速试错”的方法，即如果发现了问题，会迅速进行调整，然后再次进入 PDCA 循环。

事实上，PDCA 循环并不是一个线性的、一次性的过程，而是一个不断重复的、螺旋式上升的过程。每一次的循环，都会使企业更加接近目标，更加了解市场和客户的需求。

四、华为的 QMS 机制的详细介绍

质量管理体系（QMS）是确保产品和服务能够满足特定要求和标准的一种有组织的方法。在竞争激烈的通信行业，华为如何利用 QMS 确保产品和服务始终处于顶尖状态，值得深入探讨。

华为重视从源头开始的质量管理，因此在产品开发的初期，就会设定明确、量化的质量目标。这些目标不仅基于客户的需求，还需要考虑市场的变化、技术的进步和竞争对手的策略。此外，华为还参考了国际上的各种质量标准，确保产品和服务能够达到或超越这些标准。

华为建立了一套完整的质量检查和评估机制，包括定期的自我检查、第三方的质量审核以及与客户的反馈。每一项产品，从研发到生产，再到市场推广的每个环节，都会经过严格的质量检查和评估，确保达到华为设定的质量标准。

华为不满足于现有的成绩，而是秉持持续改善的理念。基于质量检查和评估的结果，华为会对产品、服务和流程进行系统的改善，包括技术的优化、流程的重构或者管理方法的革新。通过这种方式，华为确保产品和服务始终能够满足甚至超越市场和客户的期望。

华为投入大量的资源进行员工培训和发展。除了技术培训，还会为员工提供管理、沟通和团队协作等方面的培训，确保他们不仅具备专业技能，还能够适应不断变化的工作环境和需求。

五、深入探讨改善与精进的价值

当我们探讨现代企业的成功因素时，尽管技术和策略经常处于讨论的中心，但改善和精进的概念始终占据核心地位。华为的成功经验正是对这一观点的最佳证明。

在竞争日益激烈的市场中，静止不前等同于退步。企业不仅需要应对来自外部环境的挑战，还必须时刻保持内部的创新和优化。这就需要一种明确的方法论和执行机制来指导企业，确保不偏离正确的轨迹。

华为所采纳的 PDCA 循环是其成功背后的驱动力之一。这一方法论因其简洁、实用而受到众多企业的青睐。但是，简单的概念背后，需要企业有足够的执行力来确保每一个步骤都得到有效实施。华为在“规划”“执行”“检查”和“行动”这四个阶段都有明确的标准和流程，确保企业的决策和行动都是为了达到长期的战略目标。

除此之外，华为的 QMS 机制也是其保持竞争优势的关键因素。在通信行业，质量标准和客户需求日新月异，如果企业不能及时调整产品和服务，就很容易失去市场地位。无论外部环境如何变化，华为的 QMS 机制确保了其始终能够为客户提供最佳的产品和服务。

而这一切的背后，是华为对员工的深厚信赖和投资。华为认为，员工是企业最宝贵的资源，是企业实现长期目标的关键。通过为员工提供持续的培训和发展机会，华为确保其团队始终保持领先地位，无论是技术、管理还是其他方面。

回顾华为的成功之路，我们可以清楚地看到，改善与精进不仅是一种策略或方法，更是一种企业文化和价值观。只有在企业内部深深植入这种思维，才能在快速变化的市场中保持领先地位。

对于其他企业，华为的经验提供了一个宝贵的参考。无论企业的规模、所处的行业或市场状况如何，持续改善与精进始终是关键。这不仅需要有明确的策略和方法，还需要有一个执行力强大的团队来确保这些策略和方法得到有效实施。

附　录

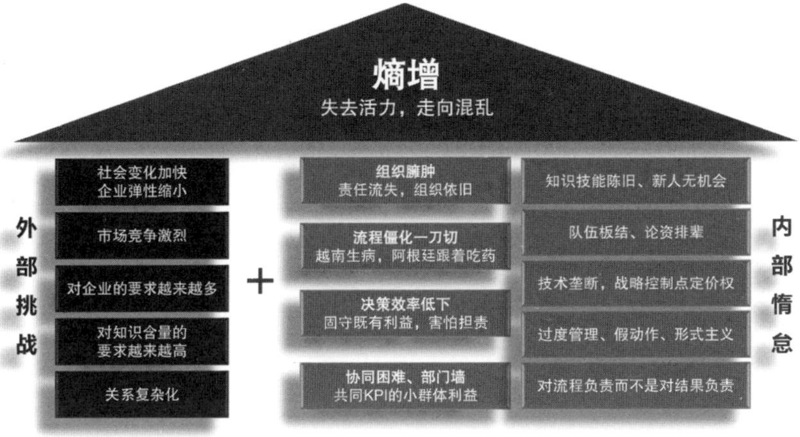

图 1　熵增

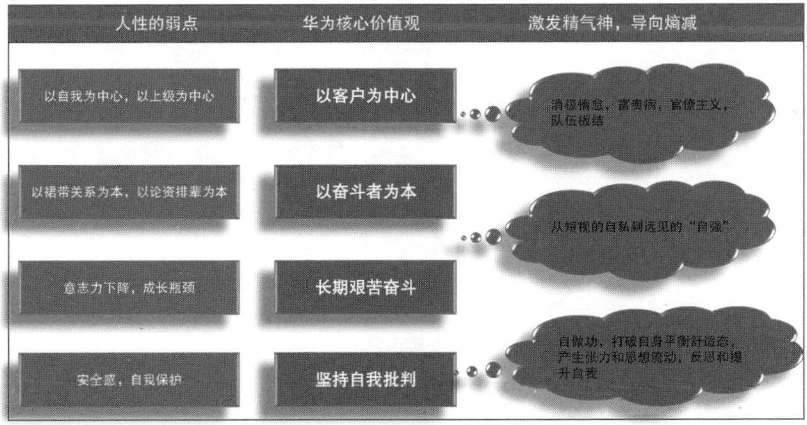

图 2　文化牵引的力量

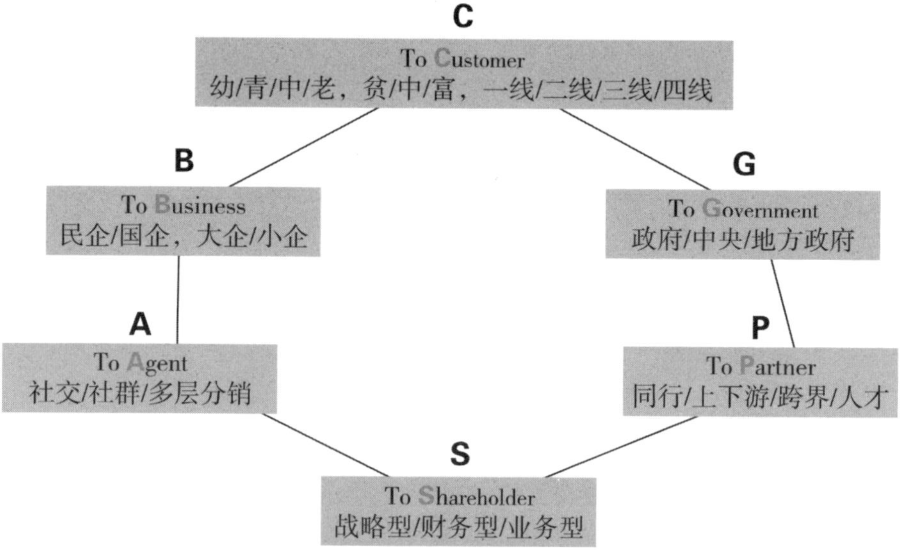

图 3　企业战略客户的六度模型

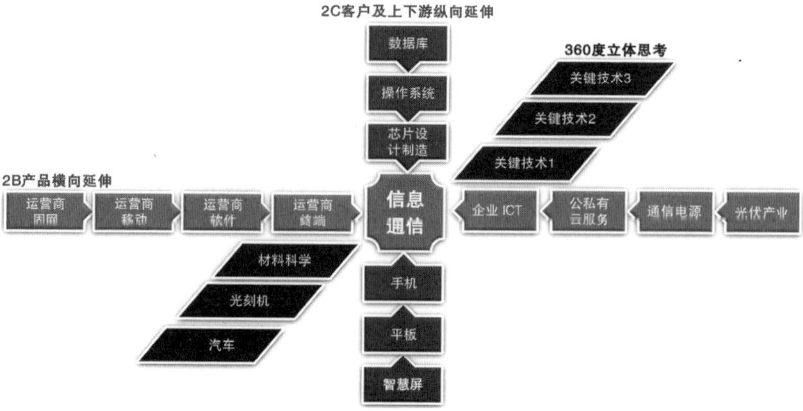

图 4　华为战略的立体思考框架

注：ICT，信息通信技术。

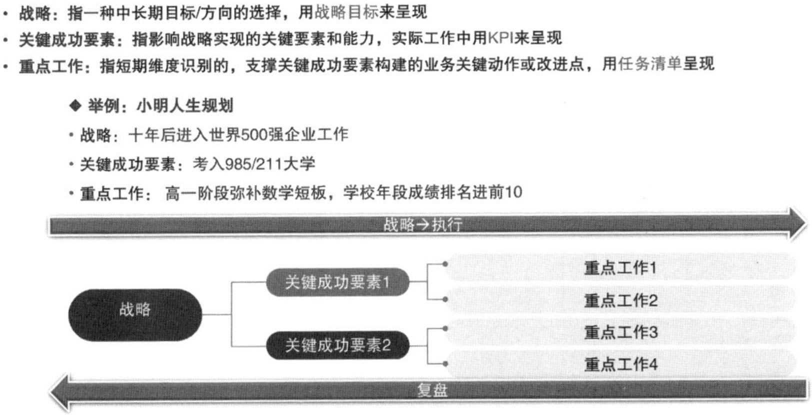

图 5 理清战略、关键成功要素、重点工作的概念

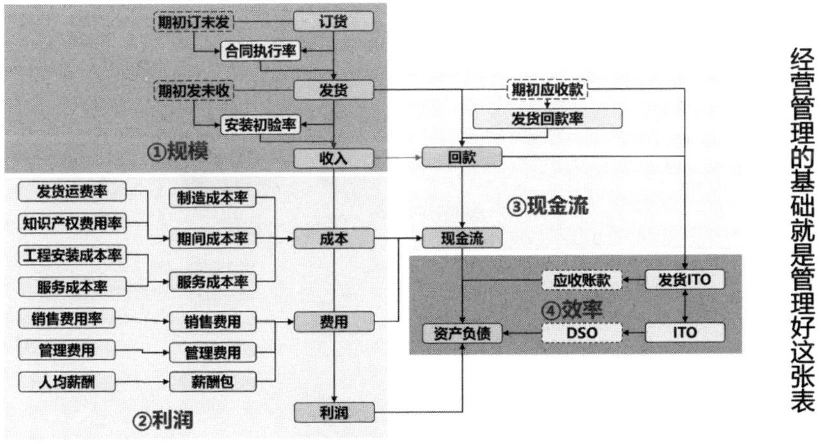

图 6 四维参数的逻辑关系

注：DSO，回款效率。ITO，库存周转率。

◆编制方法

- 可以根据各重点工作的里程碑安排汇报节奏
- 可以统一半年度汇报或根据项目风险程度安排汇报节奏

重点工作	4月	5月	6月	7月	8月	9月	10月	11月	12月
重点工作1	√			√			√		
重点工作2	√			√			√		
重点工作3				√			√		
重点工作4	√					√			
重点工作5		√						√	
重点工作6							√		
重点工作7			√						
重点工作8	√					√			
重点工作9		√						√	
重点工作N			√					√	

图 7　战略目标的例行管理：编制重点工作日历

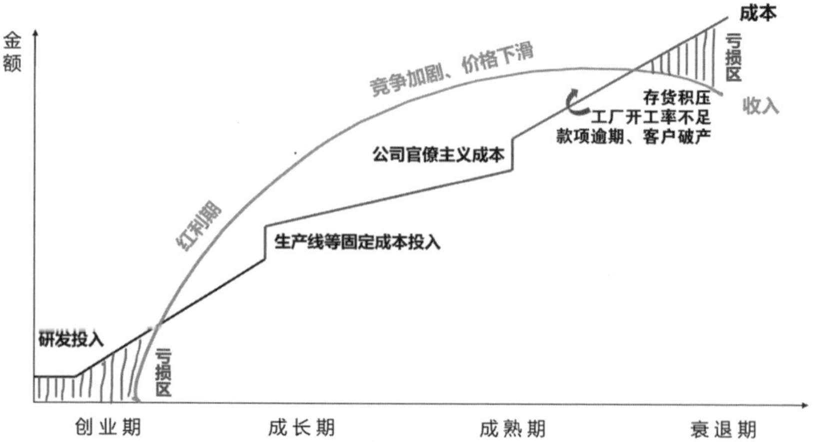

图 8　企业的价值周期

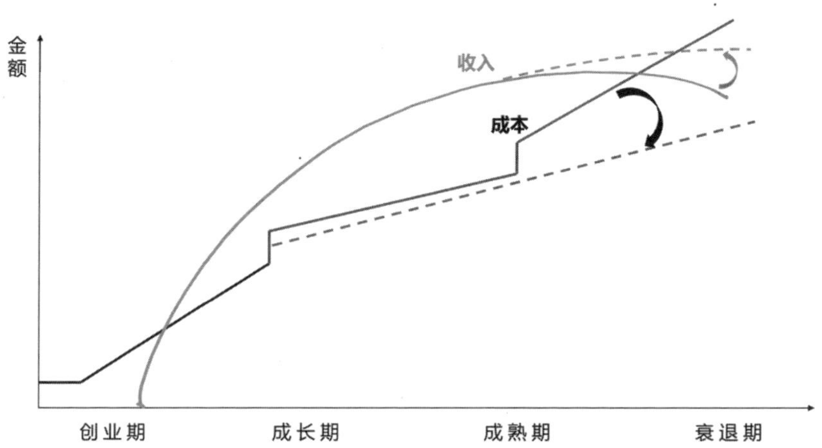

图 9 企业经营的降本增效如何展开

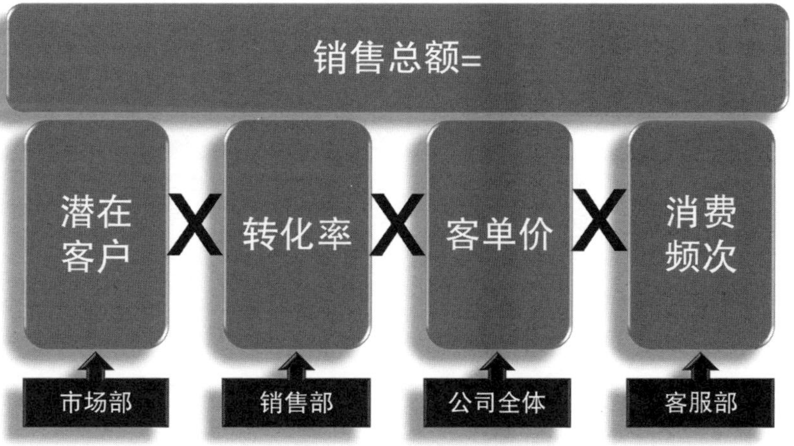

图 10 产品销售总额的来源

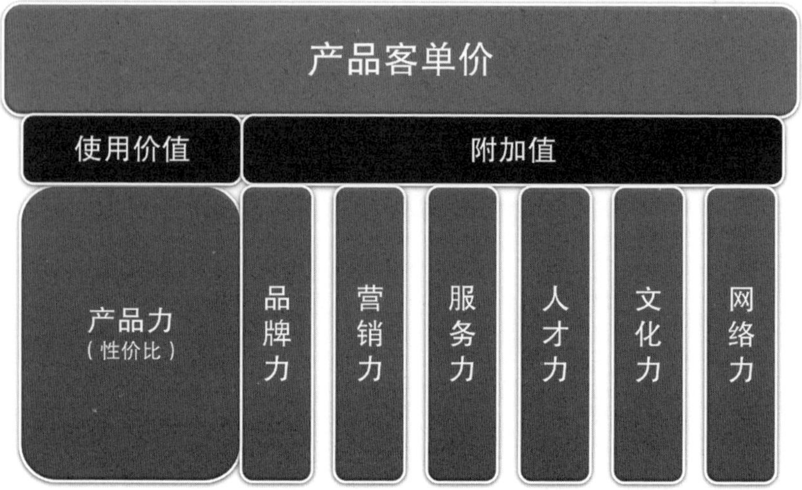

图 11　产品的使用价值和附加值来源

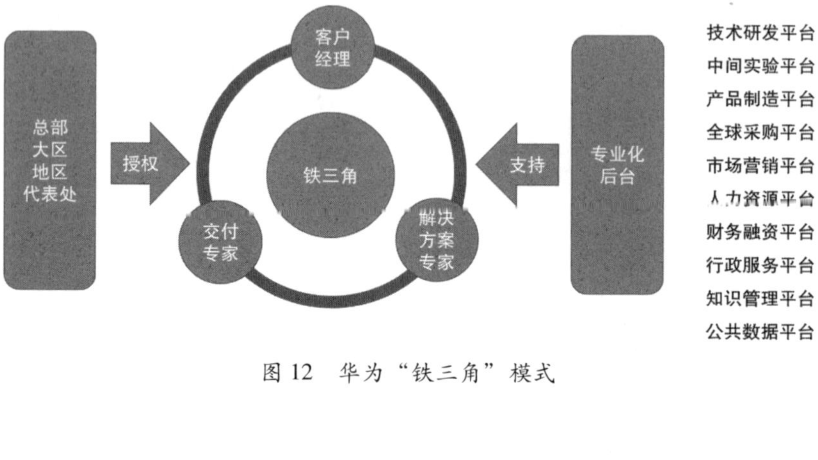

图 12　华为“铁三角”模式

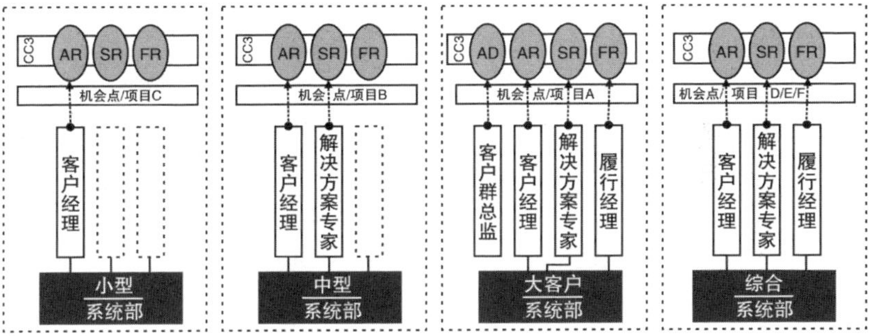

图 13　华为“铁三角”组成的几种方式

注：CC3，铁三角。

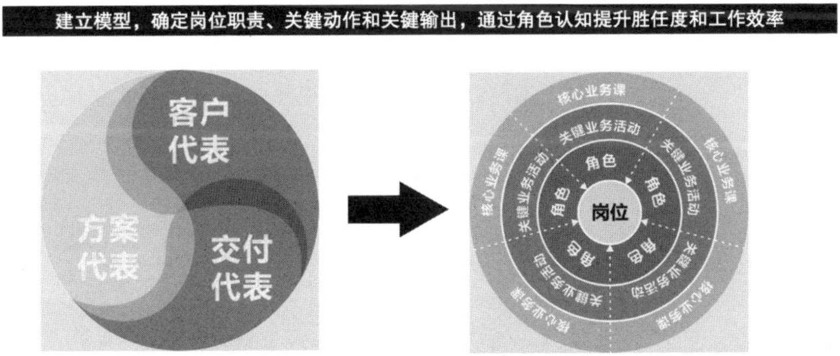

图 14　核心岗位角色模型建设

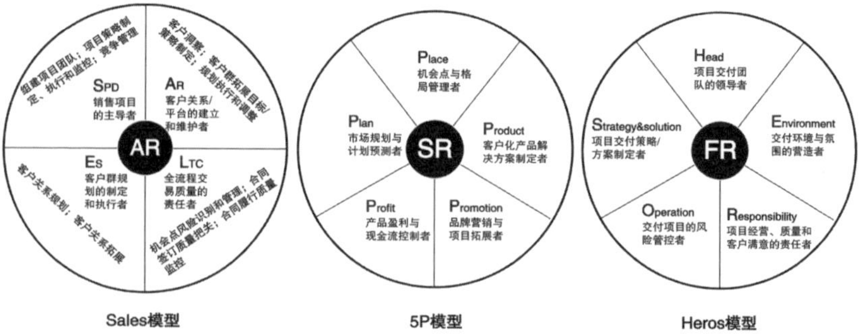

图 15 “铁三角”的角色认知模型参考

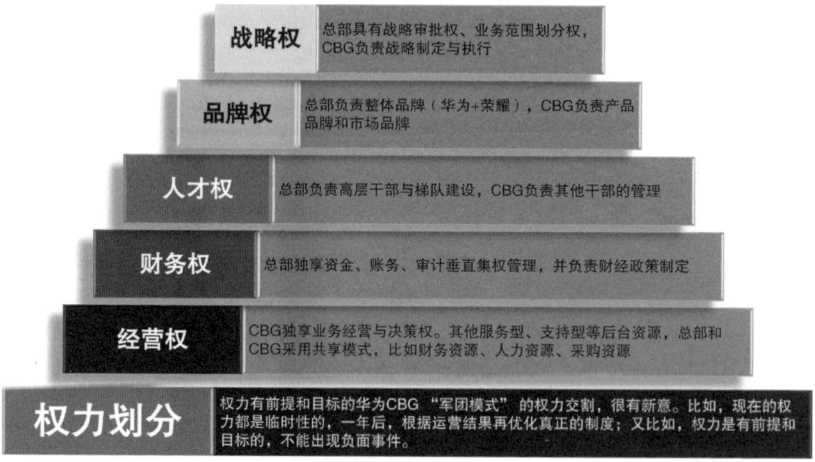

图 16 权力划分

注：CBG，华为消费者业务部门。

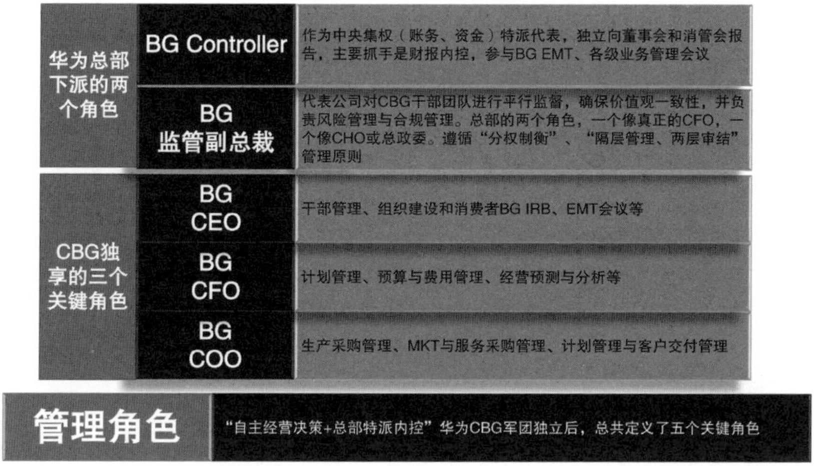

图 17　管理角色

注：MKT，市场部。CEO，首席执行官。EMT，经营管理团队。CFO，首席财务官。IRB，投资评审委员会。COO，首席运营官。CHO，首席人力资源官。

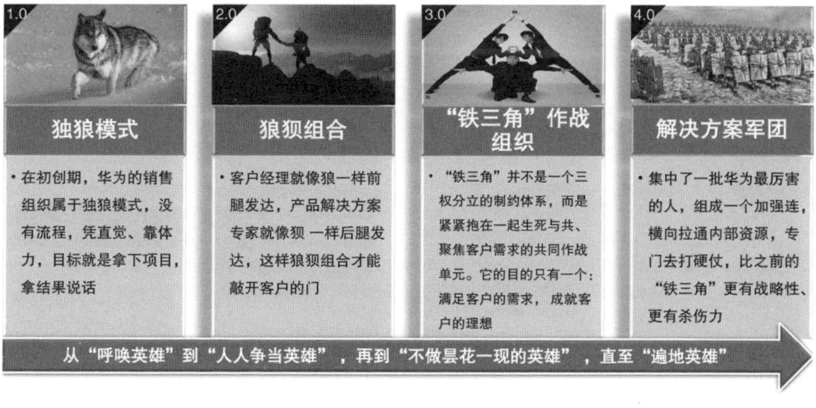

图 18　华为的组织变迁

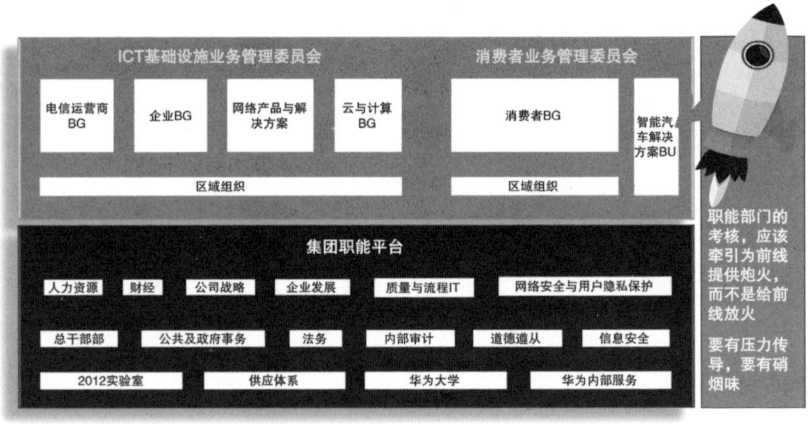

图 19　平台化组织/液态化组织

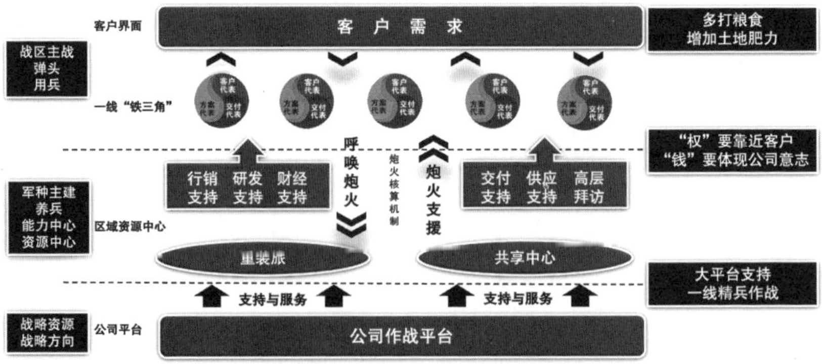

图 20　“铁三角”模式

一级科目	二级科目	三级科目
1.销售收入	1.1设备销售收入	
	1.2服务销售收入	工程安装及专业服务
	1.3建造工程销售收入	核算工程施工收入
	1.4其他销售收入	
	1.5.其他业务收益	
2.减：销售税金及附加		核算销售税金及附加
3.净销售收入		
4.销售成本	4.1设备成本	
	4.2服务成本	工程安装及专业服务
	4.3建造工程成本	核算工程施工成本
	4.4期间成本	运费、仓储费、关税等
	4.5风险准备金及拨备	
5.销售毛利		净销售收入—销售成本
6.期间费用		核算销售费用、管理费用、财务费用
7. 运营资产管理成本	7.1应收账款管理成本	AR资金占用、坏账准备
	7.2存货管理成本	存货资金占用、存货减值、存货损失
8.贡献毛利		
9.标准分摊率		由预算部按年度预算发布
10.贡献利润		贡献毛利—净销售收入×标准分摊率

图 21　用经营报表看华为的销售报表

• DSO回款效率：AR周转天数，衡量货款回收周期

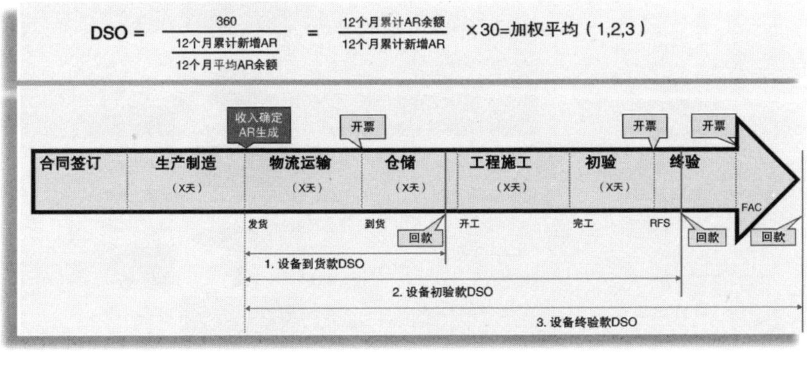

图 22　业务规划

注：RFS，现金流量结构曲线。FAC，最终验收。

图 23 “一报一会”方法论

职位职级表体现以岗定级

职级	技术（研发）	销售	产品行销	技术（服务）
23	首席技术专家A			
22	首席技术专家B			
21	资深技术专家A			
20	资深技术专家B			
19	技术专家			
18	主任工程师	高级客户经理A	高级产品经理A	主任工程师
17	高级工程师A	高级客户经理B	高级产品经理B	高级工程师A
16	高级工程师B	客户经理A	产品经理A	高级工程师B
15	工程师A	客户经理B	产品经理B	工程师A
14	工程师B	工程师	工程师	工程师B
13	助理工程师	助理工程师	助理工程师	助理工程师

1. 描述职位与工作说明（职位说明书、职位序列）
2. 评估职位价值（基于内部公平原则和市场数据）
3. 建立职位职级体系

图 24 以岗定级

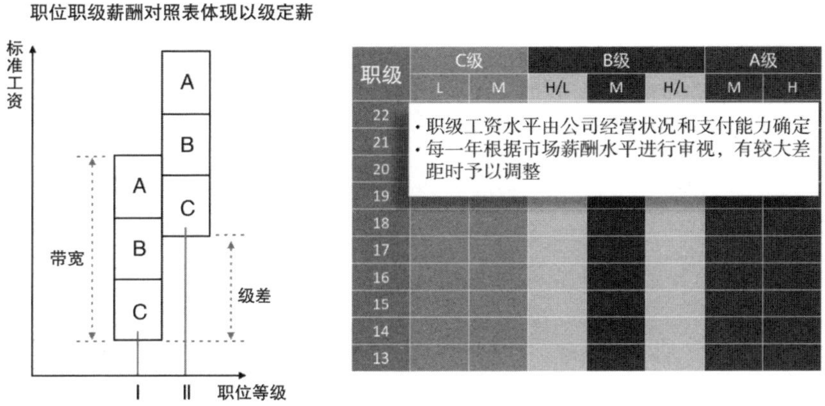

图 25　以级定薪

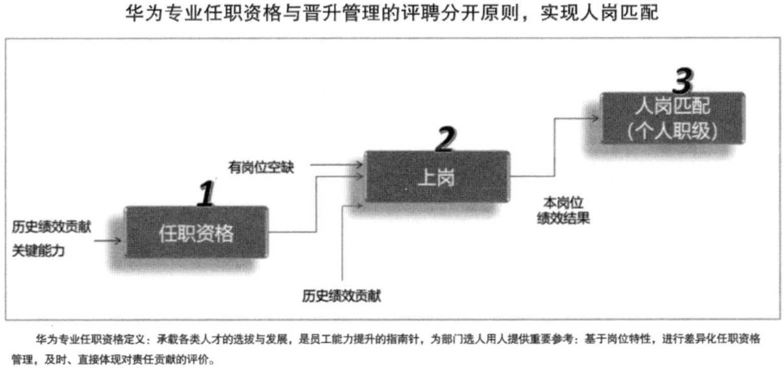

图 26　人岗匹配

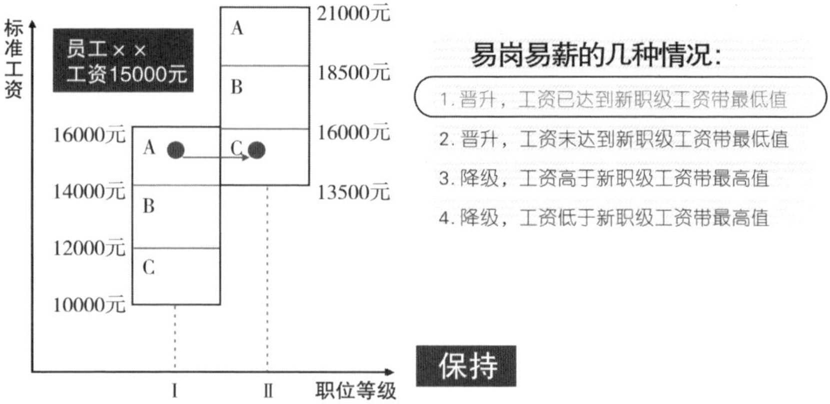

图 27　易岗易薪

指标	20XX年预算目标
销售收入	XX亿美元
市场份额	XX%
贡献利润	XX亿美元（或XX%）
经营性净现金流	XX亿美元
工资性薪酬包占比	

产品线KPI	地区部KPI	销售收入	生产部KPI	财经管理部
销售收入	销售订货	服务收入	发货额	费用率
新产品销售比重	销售收入	专业服务贡献利润	制造毛利率	汇兑损益
制造毛利率	市场份额 / 战略目标	战略目标	万元发货制造成本率	DSO
贡献利润	DSO/ITO	工程服务成本率	客户满意度	ITO
人均效率	贡献利润	初验及时率	合同及时齐套到货率	预测准确率（区域）
ITO	经营性净现金流	开票金额	到货质量合格率	财务内控（区域）
客户满意度	人均效率	服务客户满意率		
产品竞争力	客户满意度	客户问题解决率		

图 28　利润中心和各下属责任中心主要 KPI

注：DSO，回款效率。ITO，库存周转率。

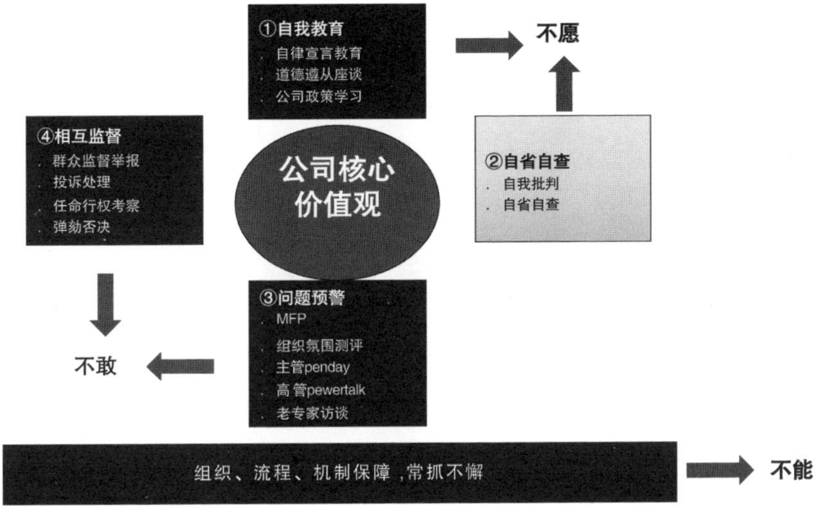

图 29　干部人才监管

注：MFP，经理人反馈计划。Powertalk，纸上质询。

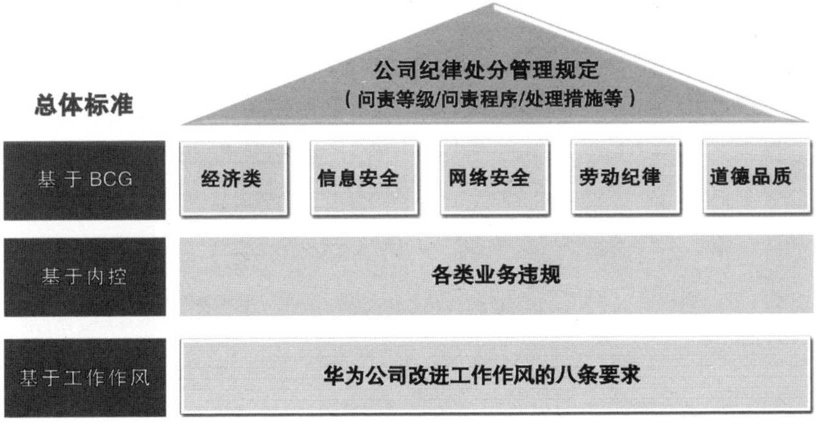

图 30　监管体系

注：BCG，营控小组。

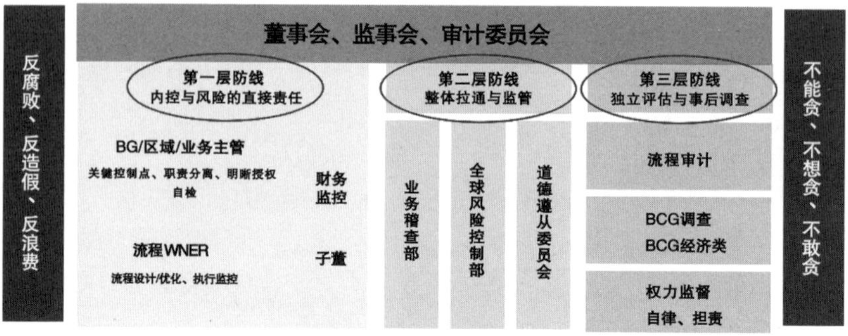

图 31 立体监管

注：BCG，营控小组。WNER，执行监控。

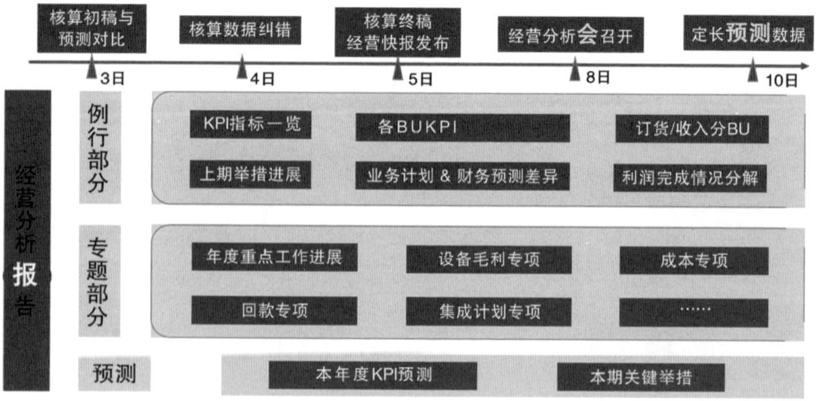

图 32 会议监管

注：BU，责任中心。

1. 奖金是挣来的，不是必然的

奖金是由公司经营情况、组织绩效和个人绩效共同决定的。

2. 奖金是变动的，不是固定的

在公司经营情况好时，不同的组织绩效的奖金有差距；在同样的公司经营情况和组织绩效下，个人的奖金根据不同个人的绩效会不同。

3. 奖金获取分享机制三要素

与实际完成的业绩值挂钩，不直接与业绩目标值挂钩，不直接与完成业绩的人数挂钩，分享系数保持相对稳定。

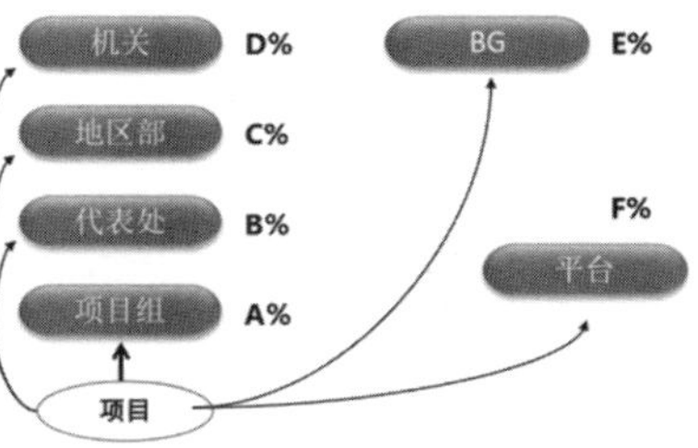

图 33　华为奖金获取分享机制的特点

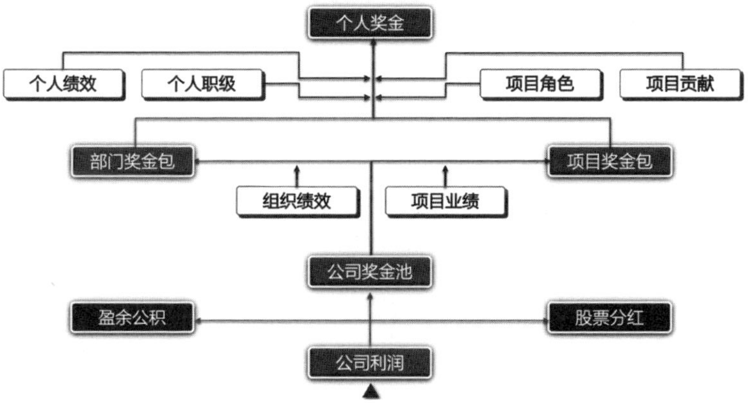

图 34　华为奖金分配逻辑

超额利润分红按5：3：2原则递延支付

•若超额利润比例在10%以内或超额利润奖金低于10万元，则该超额利润分红奖金当年一次性发放

•若超额利润比例在10%以上或超额利润奖金大于10万元，则采用5：3：2原则递延支付

•超额利润分红在每年1月30日前发放，公司代扣代缴个人所得税

递延支付	第一年收入	第二年收入	第三年收入	第四年收入	……
第一年配比	50%	30%	20%		
第二年配比		50%	30%	20%	
第三年配比			50%	30%	20%
……				50%	30%

图 35　超额利润分红支付方式

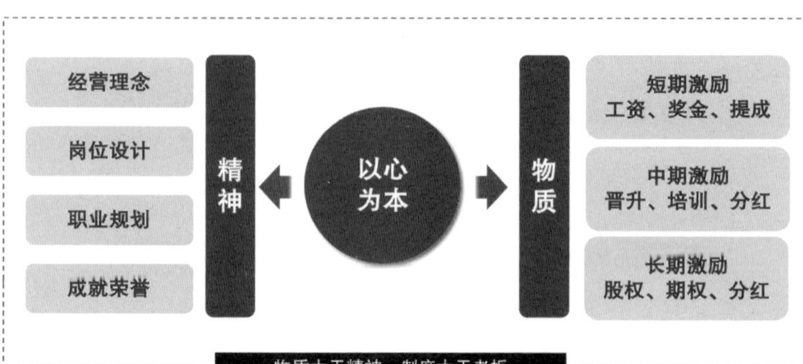

图 36　激励机制

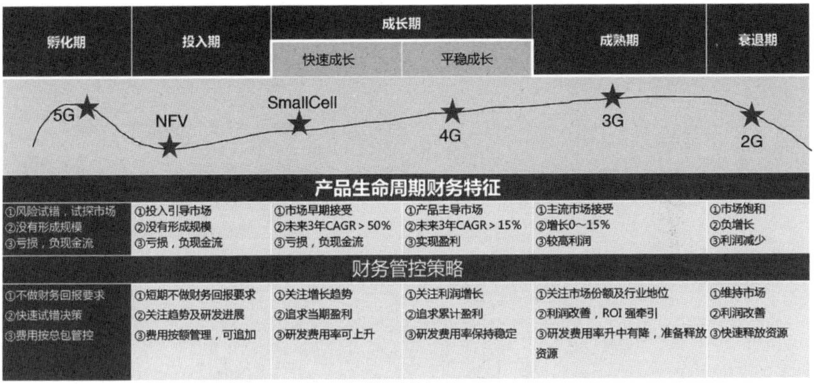

图 37 利用基线管理预算的上下博弈

注：CAGR，复合年均增长率。SmallCell，低功率的无线接入节点。NFV，网络功能虚拟化。ROI，投资回报率。